대마도는 한국땅

차종환 · 신법타 공저

동 양 서 적

발 간 사

한미인권연구소에서는 국내외의 인권 문제를 위해 투쟁했으며, 조국의 민주화 운동에 일익을 담당했다. 동포들의 권익을 위해 재외 동포법을 각 지역 한인회와 힘을 합쳐 성취한 바 있다.

기록물로 "재외 동포법"에 관한 10여권의 저서와 "미주 동포들의 인권 및 민권운동" 등에 관한 저서를 발간한 바 있다.

또한 한미인권연구소에서는 통일을 위한 "북한의 현실과 변화", "남북분단과 통일 및 국가 안보", "남북통일과 평화교육"을 발간한 바 있다.

그리고 국토수호 차원에서 "독도는 우리 땅인가"와 "독도의 영유권 논쟁과 대책"을 발행했고 나아가 "대마도는 한국땅"을 이번에 발행하게 되었다.

본서를 집필하여 주신 한미인권연구소 차종환 이사장님께 감사 드리는 바이다.

2006년 6월
한미 인권연구소
소장 이 환 수

머리말

　일본은 1905년에 독도를 자기들 땅으로 편입시키더니 1953년부터 독도 영유권 문제를 본격적으로 들고 나온다.
　독도가 한국 땅임을 512년부터 우리 기록에 나타난다. 우리 땅임을 입증하는 자료들이 한국은 물론 일본기록에도 계속 나타나고 있다.
　따라서 독도가 한국 영토임을 일본의 많은 양심적인 학자들도 동조하고 있다.
　필자들은 독도가 우리 영토임을 입증하는 내용들을 모아서 두 권의 책으로 편집한 바 있다.
　본서는 대마도도 우리 땅이었음을 나타내는 선배들의 자료들을 모아서 독도와 대마도가 한국 땅임을 국제사회에 알리고자 하는 욕심에서 편집한 것이다. 대마도를 집필하기 전에 필자들의 족적(足蹟)을 남기기 위해 대마도를 방문한 결과 대한민국의 깊은 숨결이 담겨 있음을 보았다.
　본서 내용에 대마도의 이름, 유래, 인구, 위치, 자연과 지형, 자연환경 등 일반정보를 기술했고, 대마도의 군사적 요지임과 한반도의 자연 역사박물관임을 기술했다. 대마도에는 우리와 연관된 것이 많고 한국의 맥박이 강력히 요동치고 있다. 우리 지명, 우리 유물, 우리의 전통 문화가 아직도 잔재하고 있다.

우리나라는 대마도와 삼한시대부터 교류해 왔으며, 대마도 거주민은 농사지을 농토가 없기 때문에 우리나라 본토에 의존하고 살아 왔다.

그래서 우리의 속도요 속군 이었다. 일본인이 만든 옛 지도에도 우리나라 땅으로 나타나 있다.

대마도에는 식량이 없어 해적 노릇을 하는 사람들이 종종 나타나 우리나라를 괴롭혔다. 이로 인해 우리는 대마도 정벌을 한 바도 있다. 본서 편집의 주목적인 대마도 영유권 문제를 밝히기 위해 역사적 문헌을 중심으로 시대별 대마도 인식을 삼국시대, 고려시대, 조선시대, 근세 별로 다루고, 이승만 대통령의 대마도 인식 등을 끝으로 수록했다.

일본은 영토 문제로 주변국들과 지속적으로 마찰이 많다. 센카쿠 열도 문제로 중국과 신경전을 벌리고, 일본 북방 4개 섬을 가지고 러시아와 분쟁을 일으키고 있다. 이와 같이 일본은 한국, 중국, 러시아 등 주변 국가와 분쟁을 일으키고 있음을 본서 끝 편에 수록했다.

독도는 전망이 불투명해져 가고 대마도 소유권 역시 우리의 품 안에 있는 섬인데 우리의 땅이라고 연구를 하는 사람이 많지 않음이

안타깝다.

　일본 사람의 근성은 왜곡된 사실을 가지고 모든 수단과 방법을 동원하여 자신들에게 유리한 해석을 내리고 그것을 또 물고 뜯고 분석하여 일반 일본사람들의 인식 자체를 바꿔 놓는 방향으로 정당성을 이끌어 내려는 끈질긴 습성을 가지고 있는 것 같다. 이러한 끈질긴 주장과 인식구조가 일본인의 속성이다.

　이제 모두가 국제 질서 속에서 자기 영토를 다시 찾아 생존의 번영을 이룩하는 마당에 일본은 역사적 당위성과 인간의 양심상 대마도를 옛 주인에게 돌려주어야만 하는 당위선상에 놓인 것을 자인해야 한다.

　대마도에 관한 역사적 사실관계를 가감없이 사실에 충실함을 원칙으로 집필하였음을 밝히면서 잘못된 부분과 누락된 내용은 추후 수정, 보완 할 것을 약속하며 강호제현의 많은 조언을 부탁 드린다. 또한 본서는 국토 수호를 위한 경각심을 높이고 그 홍보용으로 사용하기 위해 편집한 것임을 밝혀두는 바이다.

　본서 출판에 어려움이 있어도 필자들과 뜻을 같이 하여 주신 동양서적 안영동 사장님께 감사드린다.

2006년
편저자 일동

목 차

제1장 대마도의 일반 정보 / 11
1. 대마도 이름 유래 · 11
2. 인구 변동 · 12
3. 대마도의 위치 · 14
4. 자연과 지형 · 16
5. 바람과 해류 · 20
6. 어류와 특산품 · 21

제2장 한일관계와 군사적 요지 / 24
1. 일본 방어의 최전선 · 24
2. 한반도의 자연 역사박물관 · 25
3. 대마도의 군사적 유지 · 27
4. 임진왜란과 대마도인의 고난 · 29
   1)법적지위 2) 유형 3) 경제적 지원 4) 역할

제3장 역사에 나타난 조선과 대마도 관계 / 32
1. 아비류의 지배시대 · 32
2. 대마국 · 34
3. 지도에 나타난 대마도 소속 · 35
4. 한반도 지명의 이전 · 51
5. 대마도의 공도 정책 · 52
6. 수직 왜인 · 53

제4장 대마도와의 교류 / 61
    1. 대마도의 흥망성쇠 · 61
    2. 대마도와의 통교 및 단절 · 61
    3. 대마도의 일본화 · 63
    4. 부산 왜관 · 64
    5. 한일합방과 대마도 · 65
    6. 해방 후 한국과 대마도간 교류 · 66

제5장 왜구 침략과 대마도 정벌 / 69
    1. 왜구의 침략 · 69
    2. 일본 침략과 대마도의 왜구화 · 69
    3. 대마도 정벌 · 72
    4. 대마도 통제 정책 · 73

제6장 대마도 문화유산 / 77
    1. 대마도의 문화유산 · 77
    2. 조선 왕실의 관직 임명장 고쿠신 · 78
    3. 조선 통신사 행렬 · 79
    4. 조선 역관사 위령비 · 81
    5. 항일 의병장 최익현 · 82
    6. 덕혜 옹주 · 85
    7. 이즈하라의 박물관 · 86
    8. 대마도 해협과 조난의 추도비 · 88

9. 서산사(西山寺, 세이산지) · 89
   10. 박제상 공 순국비 · 91

제7장 시대별 대마도 인식 / 94
   1. 삼국시대 · 94
      1) 고서에 나타난 대마도   2) 한단고기의 고구려 편
      3) 태백일사 고구려 본기   4) 한단고기
   2. 고려시대 · 105
      1) 대마도 인식   2) 외교관계
      3) 무역관계   4) 박위의 산시마 정벌
   3. 조선시대 · 112
      1) 조선 전기의 대마도 인식
      2) 조선 후기의 대마도 인식
      3) 대마와 조선 - 통신사의 래조 무렵
      4) 대마번의 외교문서 위조
   4. 근대 인식 · 134
      1) 19세기 초엽   2) 19세기 중엽
      3) 19세기 말과 20세기 초
   5. 20세기 이후 대마도 인식 · 139
      1) 상해 임시정부의 역사편찬 작업
      2) 이승만 대통령의 한국영토 선언
      3) 마산시의회「대마도의 날」조례 제정

제8장 대마도 관광과 한국인 유인 / 145

1. 대마도 관광 · 145
2. 대마도 토지 구입 · 146
3. 대마도 특구 법안 · 147
4. 대마도의 한국 관련 유적 및 행사 · 148
5. 대마도 유물 및 명소 · 149
   1) 신사 및 자료관   2) 비석
   3) 명물   4) 공원   5) 쓰시마의 산

제9장 일본과 중국 및 러시아와의 영토 분쟁 / 165

1. 일본의 주변국과 영토 분쟁 · 165
2. 센카쿠 열도 문제 · 166
   1) 조어도의 현황
   2) 조어도의 역사
   3) 자연 자원
3. 북방의 4개의 섬 · 172
   1) 위치와 영유권
   2) 전략적 경제적 중요성

제10장 대마도가 우리 땅임을 나타내는 고증사료 / 177

부 록 : 대마도 관련 연표 / 193
저자 소개 / 207

제1장 대마도의 일반정보

1. 이름 유래

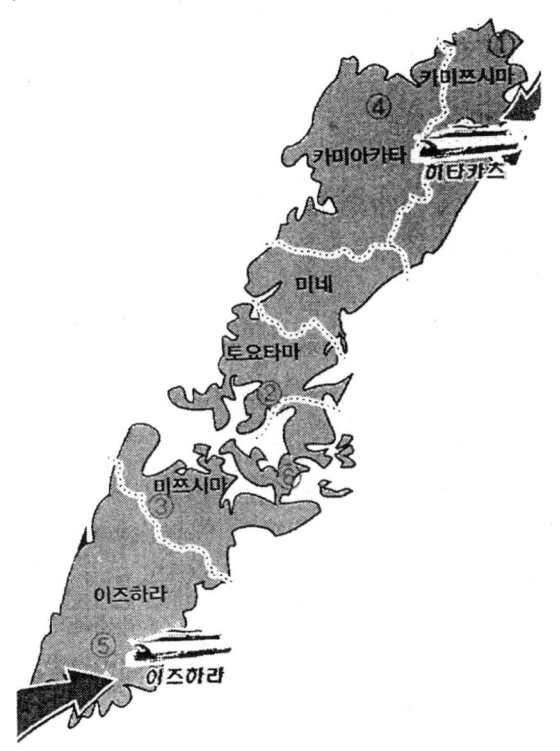

　대마도(목출도)는 '쯔시마(津島, 진도, 나루가 많은 섬)라 부르면서 '타이마(對馬, 대마)'라 쓴다. 그 유래에 대한 설은 여러 가지 이지만 중국의 삼국지『위지(魏志)』왜인전에 처음 대마국으로 등장한 이래 지금까지 사용되고 있다. 발음은 중국어에서 유래되었다고도 본다.

삼국사기에는 대마도로 나타낸다. 『일본서기』에는 대마국, 대마도, 대마주로 표기되어 있다. 또한 일본의 고사기(古事記)에는 津島(스시마, 진도)로 표기되어 있다.

그리고 일본의 근고(近古)에 와서는 대마(對馬)의 「말」을 생략하여 「대주(對州)」로, 조선조(朝鮮朝)의 문서에는 「대주(對州)」, 「마주(馬州)」로도 기록하였으며, 지금에 와서는 일본에서 대마도(對馬島)의 「도(島)」를 생략하여 「대마(對馬)」를 tsu-sima로 부르고(읽고) 있다.

또한 대마도의 지리적 위치에서 생각해야 한다는 것은 마한(馬韓)과 서로 대한다는 뜻이다(진한·변한은 초기에 마한에 예속됨). 즉 바다건너 조선쪽에 있는 마한과 마주 대(對)하고 있다는 뜻으로 대마(對馬)라고 하며, 처음에는 보통명사로 불리던 것이 고유명사화 한 것이라는 학설이다. 대마가 마한과 대(對)한다는 뜻은 곧 대마도가 마한의 분국임을 알 수 있다.

또 하나의 유력한 설로는 한국어의 해설이다. 일본어의 시마(島)는 한국어의 섬에서 유래된 말로서 한국말의 두 섬이 두시마에서 쓰씨마로 되었다는 설이다. 이와 같이 이 섬에 대한 표기가 문헌에 따라서 다양하다.

2. 인구 변동

대마도라는 이름이 나타는 가장 빠른 문헌 자료인 중국 삼국지 『위지』왜인전을 보면 3세기경에는 대마도에 1000여 호의 주민이 살았으며 이들은 일본과 한국을 오가며 통상을 한 것으로 나타나 있

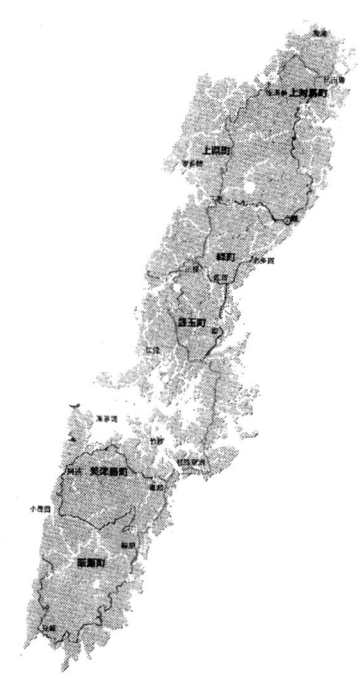

6개 정(町)과 위치

다.

또한 통계에 의하면 1870년경에는 3만 명, 1910년경에는 5만 명, 1950년경에는 7만 명까지 증가하였으나 그 후 계속 감소하는 경향을 보이고 있다. 한편 조선 후기에 해당되는 1699년에는 인구가 32,725명이었다는 기록이 있다.

일제시대 아연탄광의 개발로 한 때 9만여 명을 넘나들던 대마도의 인구는 해방 이후 한국과 교류가 끊기면서 점점 침체기에 빠져들었다. 섬의 인구는 1990년 통계는 46,000명 이었으나 해마다 줄어들어 2000년 현재 41,230명이 살고 있다. 일제시대 한국인만도 2만여 명이 살았으나 현재는 교포 60여명이 살고 있을 뿐이다.

그러나 90년대 말 부산~대마도간 직항로가 개설된 이후 한국관광객은 해마다 수천 명씩 늘어나고 있다. 대마도를 찾은 한국 관광객은 매년 약 2만 명에 이르나 일본 본토에서 오는 관광객은 몇 년째 제자리걸음이다.

섬의 89%가 산림으로 덮여 있는 대마도에는 한데 모여 살만한 넓은 공간이 없다. 대마도의 중심인 이즈하라(嚴原, 엄원)에 9,049명 정도(1997년 통계)가 모여살고, 나머지는 해안가의 크고 작은 포구에 분산되어 있다. 그 중에는 300명 이하의 작은 마을이 전체의 74.4%

나 차지하고 있으며, 이러한 인구분포는 전근대와 큰 차이가 없는 것처럼 보인다.

　대마도의 인구가 줄어드는 현상은 한국의 도서 인구가 감소되는 현상과 비슷하다.

　자녀들이 대학에 들어갈 나이가 되어 육지로 나가면 다시 섬으로 돌아오지 않는다. 또한 젊은이들이 적어서 자연 출산율도 낮다. 이런 도시인구의 감소로 무인도가 증가되고 있다. 농촌의 인구가 감소되는 것도 이농현상에 의해 도시 집중 인구 이동의 소산으로 본다.

3. 대마도의 위치

　대마도와 부산 간 거리는 49.5km인 반면 대마도와 일본 규슈(九州)는 147km나 떨어져 있다. 울진에서 울릉도(180km), 부산에서 제주도(313km)보다 훨씬 가까운 거리에 있는 섬이다. 대마도 주민들은 1950년대 초반까지 저녁 때 배 타고 부산에 가서 술 마시고 영화 보고 놀다가 이튿날 아침에 돌아왔던 것을 기억한

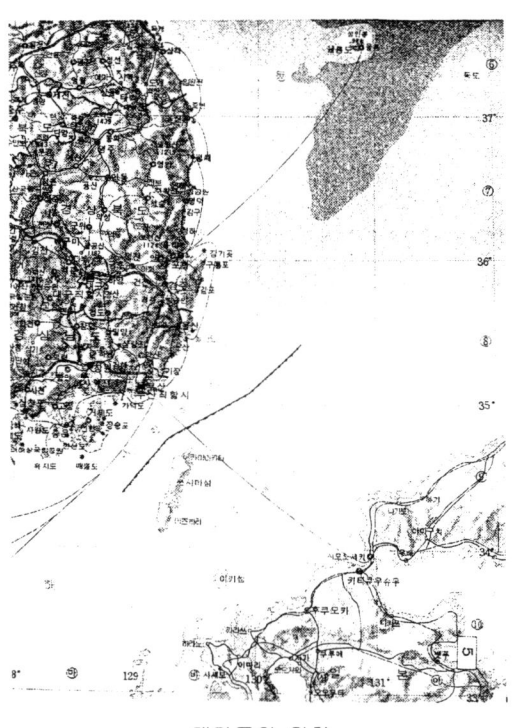

대마도의 위치

다. 이후 오랫동안 부산~대마도 뱃길이 끊겼으나 1999년 정기여객선이 운항되면서 대한해협은 다시 활기를 되찾았다.

특히 서울~부산 고속철도(KTX)가 개통되면서 대마도는 서울에서 반나절이면 갈 수 있는 섬이 됐다. 오전 10시 반 부산 국제여객터미널에서 여객선을 타면 정오경 대마도 최북단 히타카쓰항에 닿을 수 있다. 이렇게 대마도는 일본보다도 한국에 훨씬 가까운 위치에 있는 섬이다.

대마도에서 바라본 한국의 야경

대마도는 맑은 날이면 용두산이나 태종대에서 바라볼 수 있고, 그 섬에서도 부산의 연산을 바라다 볼 수 있다. 고대 한국인은 이 섬이 보임으로써 건너가서 보고 싶었을 것이고, 또 사실상 많이 건너가서 살았으니, 지명에서나 유적에서 조선과 비슷한 그 자취를 찾아볼 수 있다. 대마도는 산지가 많고 논밭이 적어, 양식은 주로 한국의 쌀에 의존하여 왔고, 문화도 한국이 높았으니, 이 섬에 건너가서 살았던 고대 한국인은 부산·김해 등 남한 지역과의 내왕이 잦았다. 대마도에 전하는 기록에 의하면, 옛날에도 돛을 달고 대마도를 출발하여 부산까지 반날이면 도착한다 하였고, 또 하룻밤 사이에 건넌다고 하였다.

섬의 폭이 약 18km이고 길이가 약 82km이니, 대마도의 길이보다 대마도와 부산과의 거리가 더 가깝다.

이러한 대마도가 왜 일본의 영유로 되었는가에 대해서는 일본 학자들도 궁금하게 생각하고 있다. 우리는, 대마도가 한국에 속했을 것이라는 생각은 누구나 가졌을 것이다.

최근에 와서 고구려사 연구에 대한 열의가 높아졌다. 중국이 고구려사를 중국 역사의 일부로 편입하려 하고 있기 때문이다. 이에 비하면, 고대 한일관계 특히 우리와 대마도와의 관계에 대한 연구는 부족하다. 이에 대한 사료도 부족하거니와, 남아 있는 사료조차 그 가치를 찾아내지 못하고 있는 실정이다. 분발할 필요가 있다.

4. 자연과 지형

대마도는 좁고 길쭉한 섬으로, 남북으로 82km, 동서는 18km, 총 면적은 708.25평방km로 제주도가 1,820평방km인 것에 비하면 작은 섬이다. 즉 제주도는 대마도의 2.6배 정도 크다.

그러나 이 섬은 우리나라의 남해안에 흔히 있는 섬들처럼 해안가에 모래사장이 있고 그 너머로 농경지를 끼고 완만하게 산등성이로 올라가는 그런 섬이 아니다. 섬 전체가 크고 작은 섬들로 주름 잡혀 있어서 도대체 사람들이 살만한 평지가 있을까 라는 생각이 들

정도이다. 표고 500~650m 정도의 산들이 그렇게 높지는 않지만 대마도 전체의 88%나 차지하며, 제법 산세가 험준하여 해안까지 200~300m 높이의 산들이 쭉 뻗어 있다. 해안가라고 해도 모래사장이 드물고, 곳에 따라서는 절벽이 바로 파도와 맞부딪치고 있다.

대구 은해사에서 보았던 진달래 군락을 대마도 주변에 옮겨 놓은 듯 보인다.

대마도의 해안은 전형적인 리아스식 해안으로, 침식 정도가 아주 심하고 복잡해서 해안길이만 무려 915km에 달한다. 제주도의 해안 길이가 253km에 불과한 것과 비교해 본다면 3.6배로 그 정도를 짐작할 수 있을 것이다. 육지 깊숙이까지 침식된 곳에서는 바로 길 하나를 사이에 두고 한쪽에는 강물이, 다른 한쪽에는 바닷물이 들어와 있기도 하다.

리아스식 해안이 천연의 요새를 형성하고 있기 때문에 예부터 해적의 은신처로 적합했음이 한눈으로도 짐작할 수 있다.

역사적 기록에 의한 대마도의 자연과 지형을 살펴보면 1444년(세종26) 4월, 초무관(超撫官)으로 대마도에 파견되었던 강권선(康權善)은 귀국 보고서에서 "대마도는 토지가 좁고 척박하여 농업에 힘쓰지 않으니, 기근을 면하지 못하여 도둑질을 멋대로 하고, 그 마음도 포악합니다. (…) (이곳은) 일본 국왕의 명령이 미치지 않기 때문에

대마도의 리아스식 해변

중간에서 망령되게 자존하면서 포악하오나, 이들 모두 도서(圖書)를 받고 우리 조정에 귀순하기를 원하오니, 청하건대 이 섬의 두목들에게 예전같이 내왕하게 하고, 이따금 양식이나 주고 도서를 주어 뜻밖의 우환에 대비하게 하소서."[1] 라고 하며 척박한 자연 환경 속에서 조선에 의지하여 살아가고 있는 모습을 적고 있다.

대마도에 대한 이러한 인식은 통교가 정상적으로 이루어지던 성종대에도 마찬가지였다. 예를 들면 통신사 변효문(卞孝文)과 함께 일본에 다녀왔던 전경력(前經歷) 이인휴(李仁畦)는 1479년(성종 10)에 성종을 인견한 자리에서 "그 섬은 생리(生利)가 매우 척박하기 때문에 후하게 접대하려 해도 할 길이 없습니다. 도주에게는 겨우 한 섬의 씨를 뿌릴 만한 밭밖에 없어 오로지 우리나라에서 해마다 내리는 산물에 의지할 따름입니다."[2]고 했으며, 1481년(성종 12) 대마도 선위사(宣慰使) 김자정(金自貞)도 "대마도는 토지가 메마르며 섬에는 모두 자갈밭만 있고, 잡초가 무성하여 가꾸지도 않았으며, 도주의 집 뒤에 단지 논이 수십경 있었습니다. 집은 모두 띠로 덮였으며, 생활은 오로지 우리나라에 의지 할 뿐입니다."[3]

따라서 대마도민이 식량을 해결하는 방법은 두 가지였다. 하나는 화전을 개간하거나 칡뿌리나 고사리를 대용식으로 하는 것이고, 또 다른 하나는 외부에서 식량을 조달하는 방법을 찾아내는 것이었다.

그러나 화전의 개간도 지극히 제한적일 수밖에 없었기 때문에 결국 해적(왜구)이 되어 조선 연안을 습격하여 약탈을 감행하게 되었다. 대마도에는 섬이 109개나 되지만 그 중에 유인도는 6개정도다.

  대마도는 섬이라기보다는 바다에 떠 있는 산이라고 표현할 정도로 섬 전체가 산으로 이루어져 있다. 그래서 비행기 활주로를 만들 만한 평지가 없어 산을 깎아서 비행장을 만들었고, 그나마 1.9km 길이로 활주로가 짧아서 후쿠오카[福岡,복강]에서 소형 프로펠러 비행기가 승객을 실어 나른다. 또 섬 안의 교통도 요새처럼 터널을 뚫어서 남북으로 나뉜 두 개의 섬이 통하고 있는데, 그 터널 수만도 100여개가 넘는다. 지금도 대마도는 농사지을 땅이 없어서 계곡 사이와 일부 해안지대에서만 농사가 가능한데 그 면적도 섬 전체의 3%에 불과하다. 이와 같이 섬은 일본보다 한국에 가깝게 위치하고 있지만 자연 환경이 아주 척박할 뿐만 아니라, 대한해협을 남에서 동북쪽으로 흐르는 빠른 조류와 불규칙한 해풍 때문에 북서계절풍을 이용하지 않으면 한국과의 왕래하기가 그리 쉽지 않다. 대마도는 항상 빈곤한 섬이었으나 국방상 중요한 지점이었다.

  산 속의 자동차도로는 대부분 고갯길과 급커브의 꼬불꼬불한 길로 신호등이 없는 것은 물론, 30개가 넘는 터널을 통과해야 한다. 그나마 차선이 없는 일차선 도로가 많기 때문에 오고가는 차들은 맞은편에서 오는 차의 주행상황을 살펴야한다. 고갯길에는 조금만 방심해도 맞은편에서 전혀 생각하지도 않은 차가 튀어 나와 끊임없는 주의가 필요하다. 그래서 일본의 다른 곳이나 평지에서 운전하는 것보다 몇 배 더 피로하다고 한다. 컨디션이 좋지 않을 때는 커브 때문에 차에 타고 있기만 해도 멀미를 할 정도이다. 길 폭은 조금이라도 넓히고 직선도로를 만들기 위한 측량과 토목공사가 지금도 끊임

없이 진행되고 있으며, 또 다른 새로운 터널이 뚫린다고 한다.

5. 바람과 해류

이 지역의 해류와 바람은 대마도를 외부 세계와 연결시키는 통로가 되기도 하고, 때로는 장애가 되기도 하였다. 연중 대륙 쪽에서 불어오는 바람은 계절에 따라 북쪽에서 북북서쪽·북서쪽으로 방향이 바뀌는데, 봄에는 황사를 대마도로 운반하며, 7월에 소강상태에 들었다가 8월부터 다시 불기 시작한다. 겨울철에는 바람의 속도가 더 강해져 일본의 혼슈(本州)보다도 훨씬 춥게 느껴진다고 알려졌다.

쓰시마의 남서쪽으로는 남태평양 쪽에서 올라오는 '쿠로시오(黑潮)' 난류가 대마도에 가까워지면서 갑자기 물살이 거세진다.

배를 기다리는 대마도행 부산 승선상 대기실

이 쿠로시오에서 갈라져 나온 거센 '쓰시마 해류' 때문에 대한해협은 남쪽에서 동쪽으로 조류가 빠르게 흐른다. 그러나 겨울에 북북서풍이 불 때라 하더라도 불규칙한 해풍 때문에 이 쓰시마 해류에 잘못 휘말리게 되면 대마도 북부나 일본 혼슈 남쪽인 야마구치(山口,산구)현까지 표착하는 경우가 많았다.

한편 대마도 서쪽 해안을 따라 흐르는 쓰시마 해류나 북서계절풍은 대마도에서 조선으로 가는데 장애가 되었다. 이 때문에 대마도인은 대마도에 서쪽 해안을 피해 동쪽 해안을 따라 북쪽으로 돌아서 부산으로 갔으며, 북서 계절풍이 심하지 않은 가을까지가 조선을 왕래할 수 있는 좋은 시기였다.

대마도의 서북지역은 대한해협의 조류성향으로 인해서, 지금도 우리나라에서 바다로 버린 쓰레기들 가운데 플라스틱 병과 같이 부양성(浮揚性)이 좋은 것들은 예외 없이 모두 대마도 서북지역 해안의 모래사장에 올라와 있다고 이 지역 사람들이 말하고 있다. 바로 이 해류의 성향이 우리 조상들로 하여금 뗏목만으로도 손쉽게 대마도에 건너갈 수 있게 하였던 것이다.(이훈 글에서)

6. 어류와 특산물

대마도의 어류 수확량과 특산물을 살펴보자.

대마도의 어장은 대마도에서 양쪽으로 갈라져 흐르는 따스한 해류와 연안수의 혼합 등으로 변화가 많다. 연안의 해저 지형을 보면 동측은 완만한 경사고, 서측은 급심하여 해곡, 해분이 많아 변화가 풍요로워 좋은 어장을 형성하고 있다.

오징어(20,455톤/년), 방어(3,686톤/년), 도미(253톤/년), 정어리(687톤/년), 정갱이(1,892톤/년), 고등어(1,640톤/년) 등이 특히 많이 접히고, 전복, 소라, 성게, 미역, 돌김도 많다. 주변에서 양식업도 많이 하고 있다.

진주는 대마도의 대표적인 양식업으로 외화 획득에 큰 공헌을 하고 있다. 천연 진주가 예부터 많았으나 최근에는 양식을 많이 하고 있다. 대마도에 있어서 진주 양식은 오랜 역사와 전통을 가지고 있으며 국내외로 그 품질의 우수성을 인정받고 있다. 고전적인 것에서 참신한 디자인까지, 양식에서 가공까지 다양한 상품을 생산하고 있다.

파고가 높을줄 모르고 떠나는 여유있는 모습

이조시대 초량에 있던 왜관에 막부의 명으로 다원절을 개설하여 (1639년) 고려의 기법을 전수받아 만들기 시작한 이래, 1717년부터는 대마도 내에 요를 차려 도기 제조를 해 왔다. 명치시대 이래 중단되었다가 근차에 와서 다시 이어가고 있다. 대마도에는 질이 좋은 벼루를 생산하고 휘지 않고 부러지지 않는 낚시 바늘을 만든다. 벌꿀의 생산량도 많다.

중요 식량의 자급율은 아래 표와 같다.

【중요 식량의 도내(島內) 자급율】

구분	도내 생산량	도내 소비량	자급율(%)
쌀	1,098	3,396	32
야채	2,967	6,215	48

그리고 1960년대 초까지 한일해협사이에 이승만 라인(2차 대전 후

한편 대마도 서쪽 해안을 따라 흐르는 쓰시마 해류나 북서계절풍은 대마도에서 조선으로 가는데 장애가 되었다. 이 때문에 대마도인은 대마도에 서쪽 해안을 피해 동쪽 해안을 따라 북쪽으로 돌아서 부산으로 갔으며, 북서 계절풍이 심하지 않은 가을까지가 조선을 왕래할 수 있는 좋은 시기였다.

대마도의 서북지역은 대한해협의 조류성향으로 인해서, 지금도 우리나라에서 바다로 버린 쓰레기들 가운데 플라스틱 병과 같이 부양성(浮揚性)이 좋은 것들은 예외 없이 모두 대마도 서북지역 해안의 모래사장에 올라와 있다고 이 지역 사람들이 말하고 있다. 바로 이 해류의 성향이 우리 조상들로 하여금 뗏목만으로도 손쉽게 대마도에 건너갈 수 있게 하였던 것이다.(이훈 글에서)

6. 어류와 특산물

대마도의 어류 수확량과 특산물을 살펴보자.

대마도의 어장은 대마도에서 양쪽으로 갈라져 흐르는 따스한 해류와 연안수의 혼합 등으로 변화가 많다. 연안의 해저 지형을 보면 동측은 완만한 경사고, 서측은 급심하여 해곡, 해분이 많아 변화가 풍요로워 좋은 어장을 형성하고 있다.

오징어(20,455톤/년), 방어(3,686톤/년), 도미(253톤/년), 정어리(687톤/년), 정강이(1,892톤/년), 고등어(1,640톤/년) 등이 특히 많이 접히고, 전복, 소라, 성게, 미역, 돌김도 많다. 주변에서 양식업도 많이 하고 있다.

진주는 대마도의 대표적인 양식업으로 외화 획득에 큰 공헌을 하고 있다. 천연 진주가 예부터 많았으나 최근에는 양식을 많이 하고 있다. 대마도에 있어서 진주 양식은 오랜 역사와 전통을 가지고 있으며 국내외로 그 품질의 우수성을 인정받고 있다. 고전적인 것에서 참신한 디자인까지, 양식에서 가공까지 다양한 상품을 생산하고 있다.

파고가 높을줄 모르고 떠나는 여유있는 모습

이조시대 초량에 있던 왜관에 막부의 명으로 다원절을 개설하여 (1639년) 고려의 기법을 전수받아 만들기 시작한 이래, 1717년부터는 대마도 내에 요를 차려 도기 제조를 해 왔다. 명치시대 이래 중단되었다가 근차에 와서 다시 이어가고 있다. 대마도에는 질이 좋은 벼루를 생산하고 휘지 않고 부러지지 않는 낚시 바늘을 만든다. 벌꿀의 생산량도 많다.

중요 식량의 자급율은 아래 표와 같다.

【중요 식량의 도내(島內) 자급율】

구분	도내 생산량	도내 소비량	자급율(%)
쌀	1,098	3,396	32
야채	2,967	6,215	48

그리고 1960년대 초까지 한일해협사이에 이승만 라인(2차 대전 후

한·일 어로경계선인 맥아더 라인의 연속)이 있어 우리 경비정이 이선을 넘어선 일본 어선들을 나포해갔던 시대가 있었다. 이때 경비정에서 "당신들은 일본 사람인가, 아니면 대마도 사람인가?"라고 물어, 대마도 주민

대마도로 떠나는 필자들(강풍과 해류로 고생)

임이 확인되면 풀어주면서 많은 고기를 잡도록 협조까지 했었다. 지금은 일본의 주권이 미치는 땅이지만, 지정학적 여건은 물론 대마도에 깊숙이 뿌리내린 우리의 서정은 두 말할 필요 없는 인접 도서로서 민족의 애정과 숨결이 담겨 있는 곳으로 생각한다.

제1장 인용 및 참고문헌
<주>
1) : 세종실록 권 104, 26년 4월 기유
2) : 세종실록 권 101, 10년 2월 병신
3) : 성종실록 권 133, 12년 9월 병자

1. 이병선, 대마도는 한국의 속토였다, 이회문화사, 2005
2. 이훈, 대마도 역사를 따라 걷다, 역사공간, 2005
3. 인재환, 대마도 우리 역사 답사기, 한림출판사, 1998
4. 임채청, 간도에서 대마도 까지, 동아일보사, 2005
5. 한일관계사 연구회, 독도와 대마도, 지성의 샘, 2005

제2장 한일 밀접 관계와 군사적 요지

1. 일본 방어의 최전선

대마도는 거리상으로 한반도와 가까운데도 일본 소속이었다. 그러나 처음부터 일본의 중앙정부가 대마도 사람의 생계를 책임 져 준 것은 아니다. 대마도가 일본의 중앙정권과 정치·군사적으로 밀접하게 관계를 맺게 된 것은 7세기 백제 멸망이 계기가 되었다. 660년 당(唐)이 신라와 함께 백제를 침공해 오자 백제는 일본에 구원군을 요청하였다. 일본은 이에 응답하여 663년 신라 토벌을 위해 일본군 27,000명을 출병시켰다. 그러나 일본군은 백촌강(白村江, 금강 하구) 전투에서 당군에게 크게 패 한 뒤 백제 유민과 함께 대마도를 거쳐 일본으로 철수하고 말았다. 그 후 전승국인 신라와 당이 일본에 쳐들어올지도 모른다는 위기감에 사로잡히게 된 일본은, 이때 처음으로 대마도에 군인에 해당하는 사키모리(防人)를 주둔시키고 봉화대를 설치하였다. 그리고 667년에는 대마도에 카네다죠(金田城)라는 백제식 산성을 쌓아 나당연합군의 침략에 대비했다.

일본은 통일 이

금전성

후 얼마동안 통일신라와 공식 사절을 교환하는 등 교류가 활발하였다. 그러나 통일신라와 당과의 관계가 안정되고, 727년 발해와 일본이 서로 교류하게 되면서, 통일신라와 일본은 외교 형식 문제로 계속 갈등을 빚게 되었다.

8세기 말에는 마찰의 소지가 많던 사신 왕래가 없어지게 되지만 무역은 계속되었다. 필요한 물건을 구입하기 위해 일본이 통일신라와의 상거래를 인정했기 때문이다. 쿠슈 다자이후(大帝府) 근처에는 신라인과 무역하는 상인층과 상권이 형성되었으며, 대마도는 이들 상인들이 오고 가는 징검다리가 되었다. 일본은 대마도의 중요성을 인식하여 815년에는 대마도에 신라어 통역관을 설치하였다. 한편으로는 통일신라에 대한 경계를 강화하기 위해 사키모리 등의 군대를 계속해서 대마도에 주둔시켰다.

9세기 후반 통일신라의 일본 침략설 등은 일본으로 하여금 통일신라에 대한 경계심을 한층 더 강화시키는 계기가 되었다. 일본은 통일신라와 가까운 지역의 지방관들에게 그 지방 신에게 국가를 위해 기도할 것을 명령하였다. 대마도는 이렇게 일본의 대한반도정책의 최전방 기지로 있었기 때문에 수미요지 진쟈(住吉神社)·와타츠미 진쟈(和多都美神社)·카이진 진쟈(海神神社) 등 호국신사가 남아 있다.

(이훈 글에서)

2. 한반도의 자연 역사박물관

대마도 전체는 고대 한반도의 자연사박물관이자 역사박물관이다.

우선 대마도에는 봄이면 새하얀 이팝나무 꽃이 화려하게 핀다. 일본 사람들은 본토에는 없는 이 꽃이 무슨 꽃인 줄 몰라 꺾꽂이를 해다가 일본 본토의 황실 주변에도 심어놓았다. 그들

와타츠미신사는 신화의 인물을 제사지내는 해궁.
신사입구의 표시문은 만조시 2m까지 잠김.

은 해방 후에야 이 꽃이 한국에서 건너온 '이팝나무 꽃'인 줄 알았다. 이팝나무(Chionanthus retusus Lindley et Paxton)는 전남·경남·경기도 서해안 지대에서 자라는 낙엽 교목으로 정원 관상용으로 심는다. 암수딴그루로 4~6월에 흰 꽃이 핀다.

또한 대마도에서는 산고양이(살쾡이), 말, 고려꿩 등 일본열도에서는 볼 수 없는 한국산 동물들이 서식하고 있다. 살쾡이(산고양이, 야마네꼬)는 일본 본토에서는 살고 있지 않기 때문에 국정 천연기념물로 지정되어 있으며, 박제 표본을 만들어 놓고 있다. 우리나라 제주도에는 오래전부터 서식하고 있는 동물이다.

관광 도중 어느 사찰에 들어가 봐도 신라불상이나 고려불상, 조선의 범종을 흔히 볼 수 있다. 선린교류로 전해졌든, 약탈의 결과든 대마도엔 한국의 문화재가 꽤 많다.

쓰라린 민족사의 현장도 도처에 있다. 일본에 볼모로 잡혀간 신

라 왕자 미사흔을 탈출시키고 처형당한 사신 박제상의 순국비, 조선 숙종 때 와니우라 해변에서 조난당해 목숨을 잃은 조선역관사(譯官使) 108명을 기리는 역관사비, "왜놈들이 주는 음식은 먹을 수 없다."고 버틴 면암 최익현(崔益鉉)의 순국비, 정략결혼으로 대마도주(島主,도주) 가문으로 출가한 덕혜옹주(고종황제의 딸)의 결혼기념비…. 이곳을 찾는 한국관광객들은 이 비석 앞에서 숙연한 마음으로 임하게 된다. 좀 더 자세한 내용은 제6장에서 다루고저 한다.

항일의병장 최익현 비
최익현선생을 추모하기 위한 꽃다발이
연일 계속된다고 한다.

3. 대마도의 군사적 요지

대마도는 평화시에는 고려나 조선인의 행적으로 조선인을 괴롭혔다. '속주나 변병'을 자처하고 경제적 교류로 이득을 취했지만, 임진왜란이나 러일전쟁과 같은 전시(戰時)에는 조선침략의 전진기지로서 격전의 현장으로 돌변했던 섬이다.

특히 사방이 리아스식 해안으로 둘러싸여 있어 호수처럼 잔잔한 바다인 대마도 중부 아소만은 요즘 한일 양국에서 프로낚시꾼들이

만세키다리
1900년 일본해군이 운하를 뚫고
대마의 상하도를 연결했다.

찾는 유명한 낚시터이지만, 오랫동안 왜구의 근거지로 사용된 천혜의 요새이다. 이 일대에는 서기 667년에 백제 유민들이 나당연합군의 침공에 대비해 쌓은 백제식 산성인 '가나다노기'(金田城)가 있으며, 이 성에는 1904년 러일 전쟁 때 일본이 아소만을 지키기 위해 구축한 포대도 그대로 남아있다. 조선 태종 때 대마도 왜구를 정벌한 이종무 장군도 아소만 일대를 한 달간 소탕했다. 1905년 러일전쟁 당시 일본해군은 아소만 일대에 군함을 잠복시켜놓고 '만세키(万關, 만관) 운하'를 통해 러시아의 발틱함대를 기습해 괴멸시켰다.

현재에도 대마도는 아소만 일대의 다케시키(竹數, 죽수)에 해상자위대, 이즈하라에 육상자위대 등 500명 이상의 군인들이 상주해 있는 일본 국방의 제1전선이다. 특히 부산이 한 눈에 바라다 보이는 '우니시마'(海栗島, 해율도)에는 해상을 감시 통제하고 있는 해상자위대의 레이더 통신 기지가 있다. 이승만 대통령이 대마도 주변에 조업라인을 설정했을 때에는 일본 해상자위대가 세계 최대의 망원경을 설치해 놓고, 자국 어선을 보호하고자 부산항을 출입하는 한국경비선의 동태를 감시하기도 한곳이다.

따라서 대마도는 경제적 가치 뿐 아니라 군사적 가치가 큰 섬이라고 할 수 있기 때문에 다시 찾아야 할 우리 국토이다.

(임채청 글에서)

4. 임진왜란과 대마도인의 고난

　대마도는 중국의 사서(史書) 위지(魏志) 왜인전(倭人傳)에도 기록되어 있듯이 원래부터 자급자족이 어려운 섬이었다. 사는 곳이 절해고도(絶海孤島)이며, 크기가 고작 사백여리이고, 토지는 산이 많고 험할 뿐 아니라 나무가 많아 실은 겨우 짐승이나 다닐 정도이다. 집은 천여호가 있으나 쓸만한 밭이 없어 해산물로 생계를 유지하는데, 주로 배를 타고 남과 북(우리나라 남해안과 일본 규슈를 뜻함)에 곡물을 구하러 다녔다고 한다.
　그런 자연적 환경 때문에 대마도는 왜구들의 소굴로 우리나라를 거의 1000년이 넘도록 괴롭혀 왔다. 삼국사기에서도 그 약탈의 고충을 여러 차례 기술하고 있지만, 삼도왜구(三島倭寇)라 하여 대마도, 일기(壹기)섬, 오도지방(五島地方)의 토호(土豪)나 어민들이 선단(船團)을 조직하여 우리나라 반도의 연안을 중심으로 식량이나 인간의 약탈을 자행하였다. 잡아간 사람은 '나가사끼'를 통해 노예로 각국에 팔아넘기기까지 했다. 고려는 그 대책을 고심하였으나 결국 멸망을 자초할 만큼 왜구들의 행패는 극심했던 것이었다.
　견디다 못한 이조(李朝)의 조정(朝廷)은 대마도 도주(島主)와 타협하여, 무자비한 해적질을 하는 왜구들의 준동을 막아주는 대가로 규범을 정하여 무역선을 인정하고 그 거래항으로 세 곳에 왜관(倭館)을 설치하기에 이르니, 부산포(지금의 부산)와 염포(鹽浦 : 지금의 울산)와 제포(薺浦 : 지금의 마산)에 상설관을 두게 된 것이 그것이다. 이곳에는 소위 항거왜(恒居倭)라고 불리던 일본 사람들이 상주하고 있었는데, 이들의 대부분이 대마도 사람들로 그들의 수가 무려 부산포에만도 500여명이나 되었다는 기록이 있다.

이처럼 대마도는 식량의 자급자족이 거의 불가능한 처지의 섬이었다. 우리나라와의 교역으로 생계를 주로 유지해 온 대마도 사람들은 '도요또미 히데요시(豊臣秀吉, 풍신수길)'의 임진왜란 때, 어떻게 하든 생명줄이나 다름없는 조선과의 교역이 끊길 이 전쟁을 막아보려고 별짓을 다하면서 많은 노력을 하기도 했었다. 하지만 끝내 '히데요시'의 고집을 감당치 못하고 오히려 조선의 사정에 밝고, 조선말을 할 수 있으며, 지형에도 밝다는 이유로 조선 침략군의 최선봉(最先鋒)에 서지 않을 수가 없었으니, 이때부터 대마도 사람들은 한 동안 정말 감내키 어려운 시련을 겪게 되었던 것이다.

이 작은 섬에서 정말 박박 긁다시피 한 5,000명이나 되는 남자들을 침략전쟁에 출병을 시켜 3,000명이 넘는 희생을 당하고 말았으니, 이 섬에는 여자와 아이들만이 있는 섬이라는 말을 들을 정도로 쓰라린 시련을 겪어야 했다. 더구나 이 섬이 바로 조선침략의 중간 병참기지였기 때문에 본토의 일본군에 상당한 인적, 물적 수탈마저 당하였고, 더욱 치명적으로 어려웠던 점은 생명줄이나 다름이 없었던 조선과의 교역의 길이 막혀 버리고, 그나마 장정(壯丁)이 없어 엄두를 못 낼 뿐만이 아니라 전시중으로 배라는 배는 모두 공출을 당하여 해적질마저도 못하게 되었으니 그들의 배고픈 사정이야 이루 형용할 수가 없는 것이었다.

오죽했으면, 그 시대에 일본의 고명한 유학자며 평생을 조선과의 선린외교(善隣外交)에 몸바쳐온 '아메노모리 호오슈(雨森芳洲)'가 이때의 대마도 사람들의 생활상을 '갓난아이에 젖줄이 떨어진 꼴'이라고 했을까. 그 뿐만이 아니라, 이때쯤 늦은 봄에 들녘에서 민들레의 솜털을 훅훅 하늘높이 불어 올리면서, 아이들이 불렀던 노래 중에 "날아라. 날아라. 멀리 조선까지 날아라. 조선까지 가설랑은 쌀을 가져오너라."라는 내용의 동요까지 전해 내려오고 있으니, 이 이상 무엇을 더 말하겠는가.
　(인재환 글에서)

제2장 인용 및 참고문헌

1. 이겸주, 임진왜란 전 조선의 국방실태, 국사편찬위원회, 1992
2. 이인영, 임진왜란 전후의 대외관계, 신천지, 3~10, 1948
3. 이훈, 대마도 역사를 따라 가다, 역사공간, 2005
4. 인재환, 대마도 역사답사기, 한림출판사, 1998
5. 임채청, 간도에서 대마도까지, 동아일보사, 2005
6. 전중건부, 임진왜란과 한일 무역관계, 단국대 동양학 연구소, 1985
7. 하우봉, 임진왜란 이후의 부산과 일본의 관계, 항도부산, 1992

제3장 역사에 나타난 조선과 대마도관계

1. 아비류의 지배시대

　대마도는 문화사적으로 또는 언어적으로 또는 민속학적으로 조선과 교류가 활발했던 흔적을 많이 발견할 수 있다. 그러나 대마도와 조선과의 관계가 본격적으로 시작되는 것은 역시 진봉선체제가 들어설 즈음부터가 아닌가 생각된다. 그래서 그 시기가 대마도에는 본래 토착세력인 아비류 세력이 있었는데, 그 아비류 세력이 1245년경에 소우씨 즉, 종씨에게 정복당하게 된다.
　그래서 토착세력인 아비류 씨와의 관계가 한 계기가 되어서 그 이전의 관계가 주로 진봉 또는 여몽연합군의 대마도·일본정벌 그 시기가 되겠다. 그것이 대마도 소우씨가 아비류씨를 정복하고 나서 대마도를 지배하면서부터 본격적으로 조선과의 관계가 왜구관계에서, 그 다음에 조선에 들어와서 체계적인 관계로 정비되어 가고, 그 정비되어 가는 과정 속에서 정치·외교적으로 또는 경제적으로 우리나라에 종속되어 가는 것으로 본다.
　막번 체제하에서는 영주가 사실 모든 권력을 다 가지고 있었다. 그래서 그런 입장에서 얘기하면 "대마도는 대마도 사람들의 것이다. 일본 땅도 아니고, 조선 땅도 아니고, 대마도인의 것이다."라고 이야기 할 수 있다. 대마도는 실질적으로 막부 말기에는 막부하고도 대항해서 싸운다. 그리고 장주번과 동맹을 맺고 원조를 받게 되면서 대마도인들은 스스로 조선에 속해 있었다는 것을 치욕이라 표현하면서 일본으로 들어가게 된다. 일본이 개항을 하고 조선이 개항을 하기 직전, 변혁기의 상황에서 대마도가 결국은 일본의 내셔널리즘에 흡수되는 과정에서 오히려 조선에 종속되어 있었기 때문에 더 조선에 대한 욕을 하고 왜곡을 하는 이런 모습들도 사료에서 보여진다. 간신과 같은 역할을 한 것이다.

 시실 지금까지 사료를 보면, 대마도에 관해서는 일본 측에서 대마도 종가(宗家) 문서가 만들어지기 전인 17세기 이전에는 우리 측의 사료가 훨씬 많다. 조선 전기의 ≪조선왕조실록≫에는 대마도 관계사가 아주 많이 나타나는데 이런 기록은 보고(寶庫)라고 표현할 수 있겠다.

 일부 문헌에 의하면 "대마도가 옛날에는 우리 땅이었는데 언제 일본인들이 들어가 일본 땅이 되었는지 모르겠다. 아마도 고려 중기 이후에 일본에서 쫓겨난 무리들이 대마도를 차지하였을 것이다." 라고 서술되어 있다. 이러한 기사가 반복되는 것을 볼 때 그들은 상당한 확신을 가지고 이야기하고 있는 것으로 본다.

 종씨가 대마도에 들어오기 이전에 대마도의 상황이라는 것은, 다시 말해서 아비류(阿比留) 씨가 장악하고 있었던 그 시기의 대마도는 과연 일본의 실질적인 지배하에 있었다고 말할 수 있는가 하는 것에 대해서 회의적으로 보는 학자가 많다. 아비류의 후손들은 자기 집안에서는 성이 아씨고 이름이 비류라고 한다. 아씨가 아직기·아비지·아사달 등에서 보듯이 백제의 성씨로 본다. 또 비류라는 것을 보면 비류백제와 연결될 수도 있다. 언어학적 지식이 없다 할지라도 아비류씨가 한반도계와 굉장히 밀접한 관계를 맺고 있을 것이라는 언어학적 심증이 간다. 현재 대마도에는 아비류 가의 문서가 대량 보관되어 있다는데, 이 사실을 아는 한국 측 연구자는 거의 없고, 일본 측 연구자 20여명이 찾아와 다 조사하고 갔다 하는데 그 사람들이 한국관계의 기사가 나온다 해서 그것을 우리 측 입장을 보호하지는 않을 것이다. 우리가 찾아내야 한다.

요컨대 대마도의 문제를 지금부터라도 본격적으로 연구 정립해야 한다.

2. 대마국

대마향토연구회장인 나가토메 히사에(永留久惠, 영유구혜)씨는 "대마도는 '삼국지위지동이전'에 일본도 한국도 아닌 '대마국'이란 이름으로 소개돼 있다."며 "일본에서도 '임나일본부설'에 대해서는 더 이상 인정하고 있지 않는데, 대마도의 한국 지배설은 왜 자꾸 주장하는지 모르겠다."며 불만스러워했다.

그러나 일본이 독도영유권을 주장하면서 제시하는 증거보다 대마도가 한국 땅임을 입증할 수 있는 사료가 훨씬 풍부하다. 또한 독도에 대한 일본인의 역사적 인식보다 대마도에 대한 한국인의 역사적 인식이 훨씬 깊다. 따라서 일본의 양심적인 학자들마저도 "독도를 일본 땅이라고 우긴다면, 대마도를 한국 땅이라고 우겨도 할 말이 없을 것이다."라고 말할 정도로 대마도는 역사적으로 우리와 많은 인연이 있는 바로 우리들의 땅이었던 것이다.

하우봉 교수는 "섬을 비워 놓는 '공도(空島)정책' 탓에 조선이 대마도를 영토적으로 복속시킬 기회를 놓쳤다."면서 "그러나 일본의 독도영유권 주장 근거보다 한국의 대마도 영유권 주장 근거가 비교가 되지 않을 정도로 많다는 차원에서 대마도를 내 놓으라는 이승만 대통령의 선언이 나왔을 것"이라고 해석했다. (임채청 글에서)

3. 지도에 나타난 대마도소속

　대마도를 우리 땅으로 생각하였기 때문에 대마도를 토벌한 것이다.　이는 여순 반한사건이나 광주 5·18 민중 항쟁 진압과 비슷한 현상이다.　당시 일본의 유력한 호족이었던 대내전도 대마도가 조선 땅임을 인정한 것으로 보인다.　그리고 당시 일본 지도에서도 대마도는 빠져있었다.　또한 조선시대 말기에 그려진 지도에는 대마도가 여전히 조선영토로 기록되어 있어 우리 의식의 바닥에는 여전히 번병의식이 남아 있었음을 알 수 있다.

　18세기 중반에 제작된 '해동지도'는 '(우리 영토는) 백두산이 머리가 되고 태백산맥은 척추가 되며, 영남의 대마(對馬)와 호남의 탐라(耽羅)를 양 발로 삼는다.'고 명기했다.

　일본의 독도망언과 관련, 독도는 물론 대마도까지도 우리나라의 영토임을 선명하게 입증한 〈해좌전도(海左全圖)〉는 가로 70cm, 세로 120cm 크기의 목판본으로, 한국정신문화연구원에서 발간한 『한국민족 정신문화 대백과사전』에 축소 수록되어 있다.　이것은 그 시대에 주민들의 생활지도로 사용했던 것으로 판명되었다.

　기록과 지도는 국운을 좌우하는 가치를 지니고 있기에 이 지도는 울릉도와 독도 일대를 '우산(于山)'으로 기록하고 섬의 크기와 거리 현황 등을 소상하게 그리고 적어놓았다.　특히 조선 세종 때의 이종무의 대마도 기록과, 임진왜란 당시에 일본이 조선침략의 근거지로 활용한 사실 등과 함께 대마도는 확실히 우리나라의 땅임을 표기하여 보여주고 있다.

　또한 명조 때 제용감(濟用監)에서 편찬한 〈조선방역지도(朝鮮方域地圖)〉에는 만주와 대마도를 우리 영토로 표기하고 있어, 이시기의 국토의식의 확대로 대외의식을 강하게 보여준다.

한편 일본에서도 대마도를 본토와 구별하였는데, 임진왜란 때 도요토미 히데요시의 부하가 그린 〈팔도총도(八道總圖)〉라는 지도에 대마도가 조선영토로 표기되어 있는 것으로 보아 일본인들이 대마도가 조선의 영토라는 의식을 가지고 있었다는 것이 명백히 증병된다.

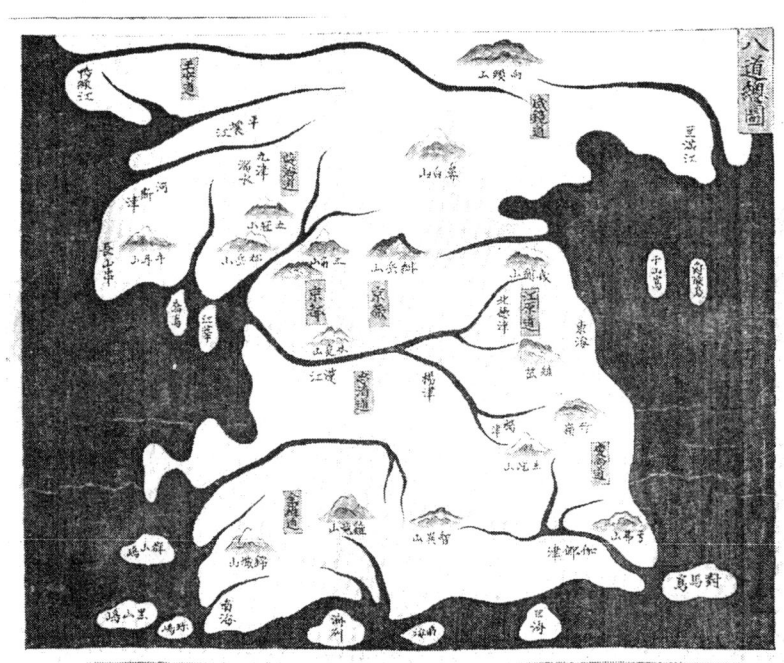

▶ 팔도총도 ≪ 東覽圖 (동람도) ≫

1530년. 관찬『신증동국여지승람』권1의 첫머리에 있는 우리나라 전도. 팔도총도는 동서가 남북의 길이에 비하여 남북으로 압축된 느낌을 주며, 특히 북부 지방이 심하다. 이것은 『동국여지승람』의 책 크기에 맞추어 그렸기 때문이다. 울릉도와 독도(우산도)가 따로 표기되어 있으나 그 위치는 반대로 되어 있다. 물론 대마도는 우리 영토에 들어와 있다.

▶ 조선방역지도(朝鮮方域地圖)

    1557년~1558년. 조선 명종(12~13)때 제작된 조선8도 주현도.
    조선 전기 국가제작 지도로는 현존 유일본으로 국보 248호로 지정되어 있다. 상기의 지도는 그 중에서도 산계(山系)와 하계(河系)만을 표시한 것이다. 대마도도 우리 영토에 그려져 있다. 울릉도 독도는 누락되었으나 제주도, 대마도는 보인다.

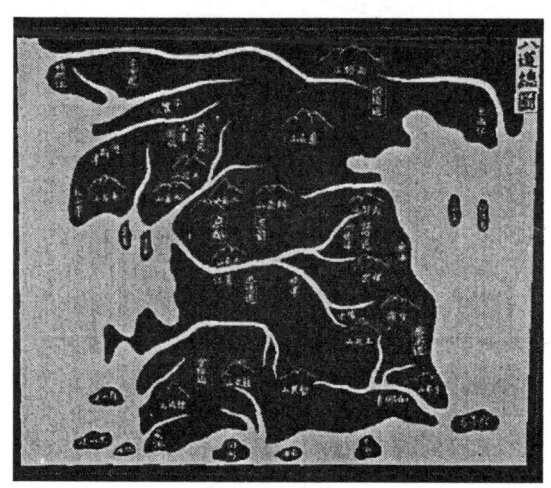

▶ 조선국지리도 내 팔도총도(1592년)

　　이 지도는 1592년 임진왜란 당시 도요토미(豊臣秀吉)의 명령으로 구끼(九鬼喜隆) 등이 제작한 것으로서 조선의 영토를 나타낸 것인데, 대마도가 우리의 땅으로 표기 되어 있다. 이 지도의 원본은 현재 일본 국립공문서관에 소장되어 있다.

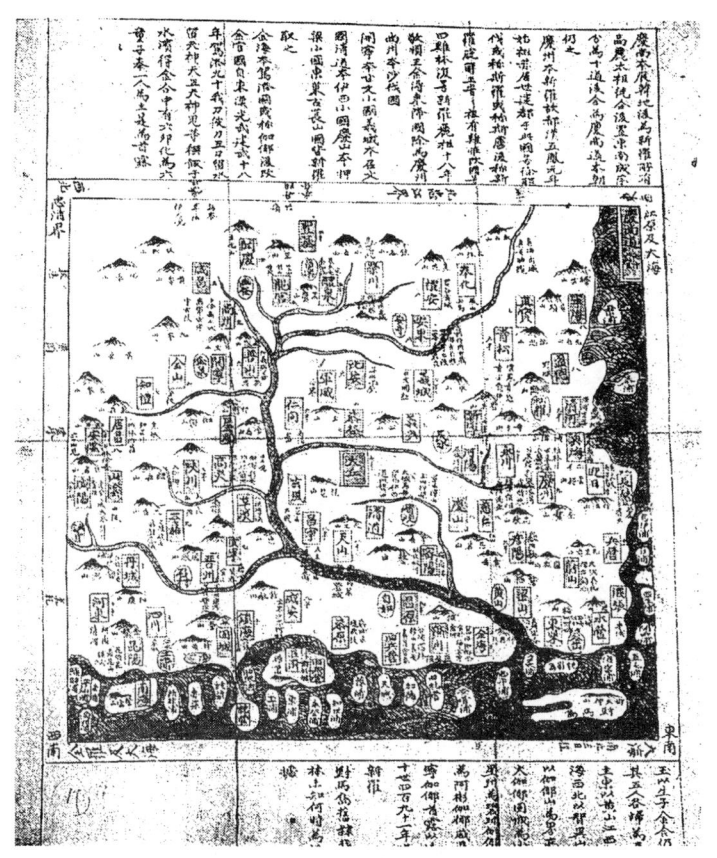

▶ 팔도지도(八道地圖)의 경상도 부분도

1632~1652년. 조선 후기 널리 보급된 지도첩 중의 하나이다. 도별도 에서는 『신증 동국여지승람』에 있는 각도 또는 군현의 연혁 부분을 요약하여 싣고 있다. 제작상의 여건 때문에 대마도가 경상도에 근접하여 그려져 있으며, 그 모양 역시 사실성이 떨어진다.

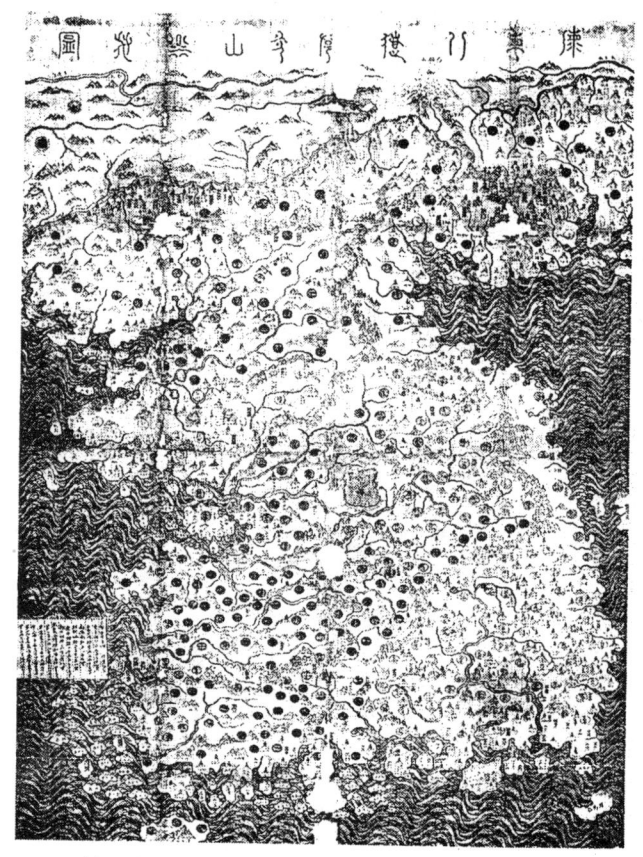

▶ 해동팔도봉화산악지도(海東八道烽火山岳地圖)

1652~1712년. 전국적으로 봉화를 올리는 산악을 표시한 채색지도로 비변사와 같은 정부기관에서 제작한 지도이다. 지도의 윤곽은 조선 전기의 유형에 속하며 울릉도·독도·대마도 등의 표기 역시 <팔도총도>류와 같다.

▶ 팔도총도(〈朝鮮地圖竝八道天下地圖〉)

1652~1767년. 이 지도는 〈동람도〉의 팔도총도류에 속하는 것으로 울릉도와 독도가 위치를 달리하여 표기되어 있으며, 대마도 역시 그려져 있다. 도요토미 히데요시가 만든 〈팔도총도〉나 〈소라동천(小羅洞天)〉등의 조선전도류도 같은 유형을 계승한 것으로 보인다.

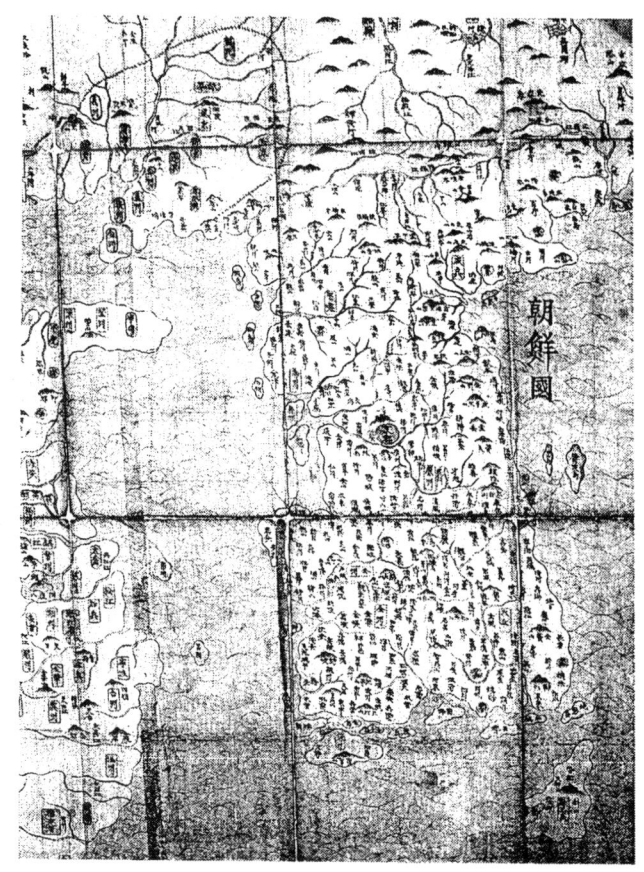

▶ 천하대총일람지도(天下大摠一覽之圖)

1652~1767년. 조선 후기 중국식 세계지도에 한반도와 유구를 추가하여 그린 지도의 부분도이다. 대마도가 제주도에 비하여 크게 그려져 있으며(대마도의 속주 의식 강화), 울릉도·독도는 조선전기와 같이 반대로 그려져 있다.

▶ 조선왕국전도 - 프랑스 광빌 1737년
대마도가 조선과 같은 색깔로 조선 영토로 인식됨.

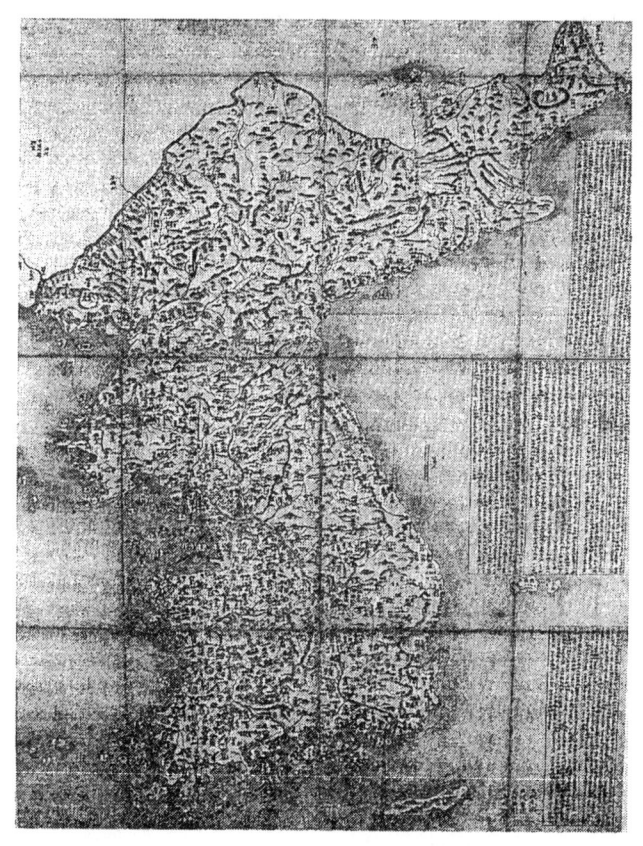

▶ 조선전도《海東圖(해동도)》

1787~1800년. 울릉도와 독도가 제 위치에 그려지기 시작한 정상기(1678~1752년)의 동국지도유형에 속하는 지도이다. 18세기 이후에 제작된 지도들은 울릉도와 독도의 위치를 올바르게 그려 놓고 있다. 이것은 안용복 사건 이후 독도에 대한 자국 영토의식이 반영된 결과로 보여진다. 대마도가 우리 영토내에 있다.

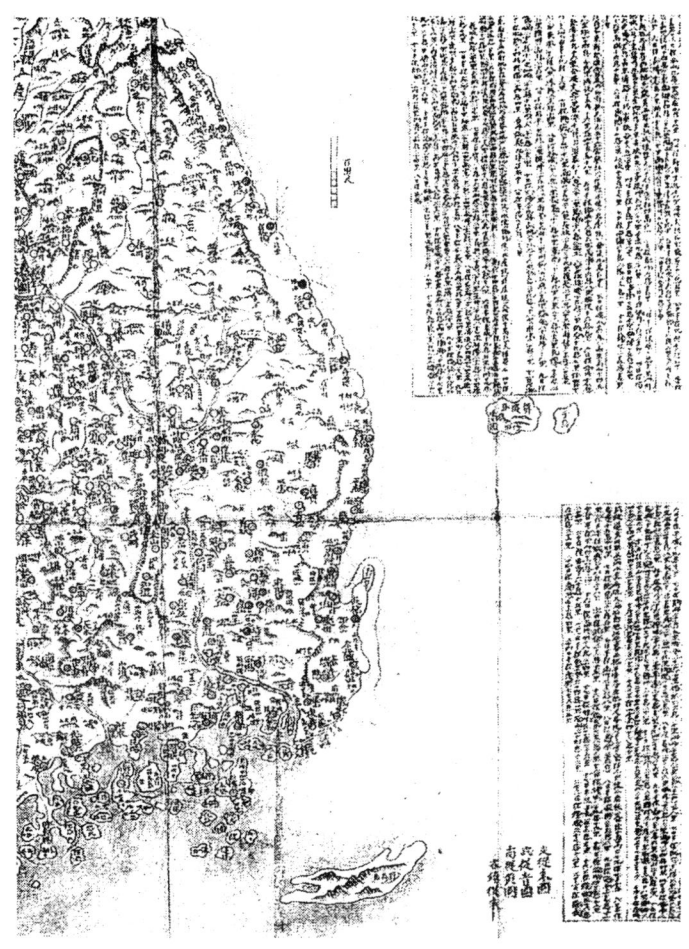

▶ 조선전도(〈海東圖, 해동도〉)의 울릉도·독도·대마도 부분

1787~1800년. 독도가 울릉도의 동쪽에 위치하고, 대마도는 동서로 길게 누운 하나의 섬으로 그려져 있다.

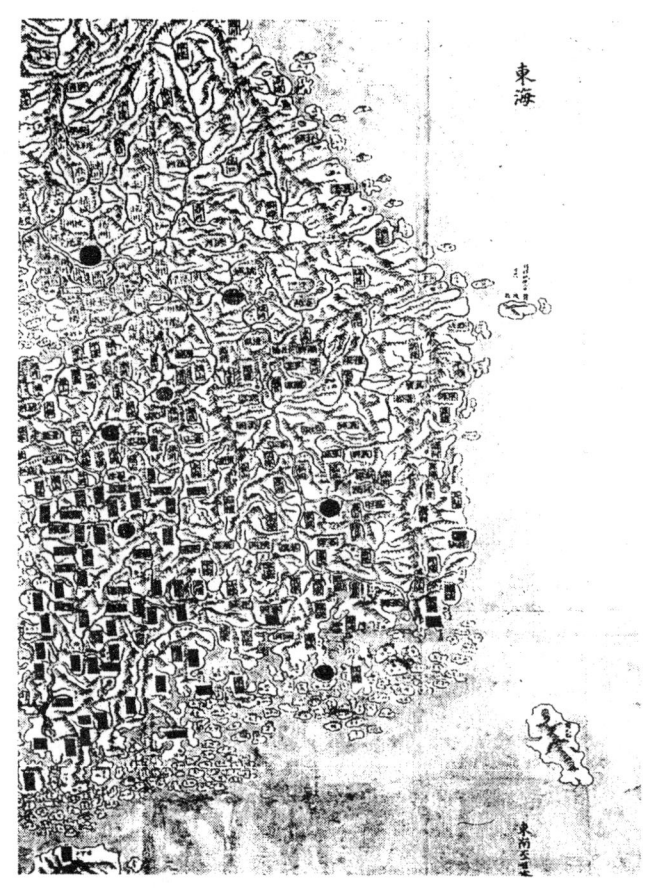

▶ 아국총도(俄國摠圖,≪輿地圖≫)

　　1787～1800년. 중앙관서의 화원(畵員)이 그린 것으로 추정되며, 지도의 윤곽과 산계(山系) 및 수계(水系)가 모두 정상기의 <동국지도>유형이다. 울릉도·독도·대마도 등이 모두 그려져 있으며 독도는 울릉도의 동쪽에 있다.

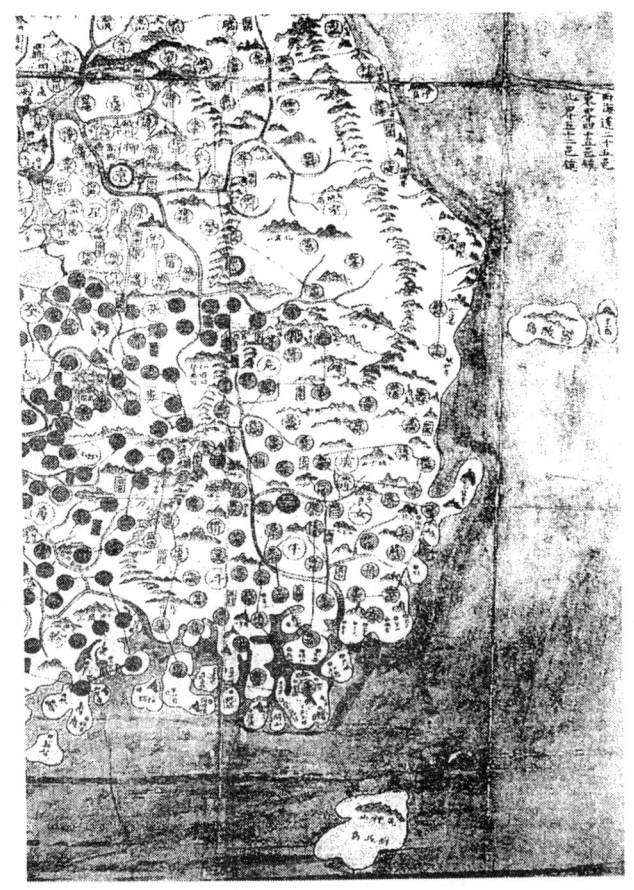

▶ 조선전도(朝鮮全圖)의 부분도

1800년 이후 군현·봉수·도로망 등을 상세히 그린 우리나라 전도이다. 지도의 여백에 고조선·한사군·신라9주·고려8도와 그 소속 현·읍을 기록하고 있다. 독도는 울릉도의 동쪽에 그려져 있으며, 대마도도 우리 영토로 나타나 있다.

19세기의 근세기에 들어서 순조 22년(1822) 경에 발행된 여러 지도에서 대마도가 조선의 영토로 확실히 나타나있다.

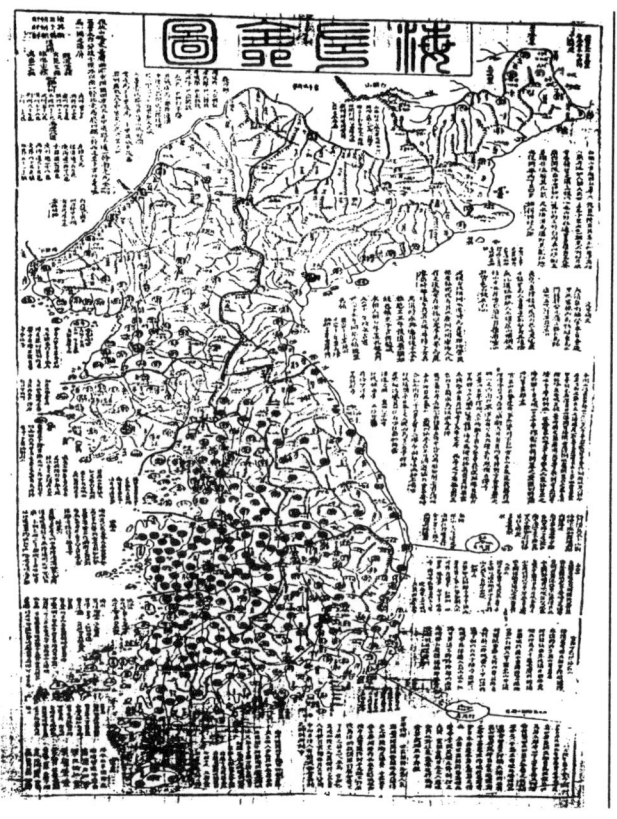

▶ 해좌전도(海左全圖)

1857년 이후. 19세기 중기에 제작된 대표적인 목판본 조선전도로 지도의 윤곽과 내용은 정상기의 <동국지도>와 유사하다. 울릉도에 대한 역사와 위치를 섬 동쪽에, 대마도는 남쪽에 대마도에 관한 역사적 사실을 적어 지리와 역사를 관련지역에 연결시키고 있음이 주목된다.

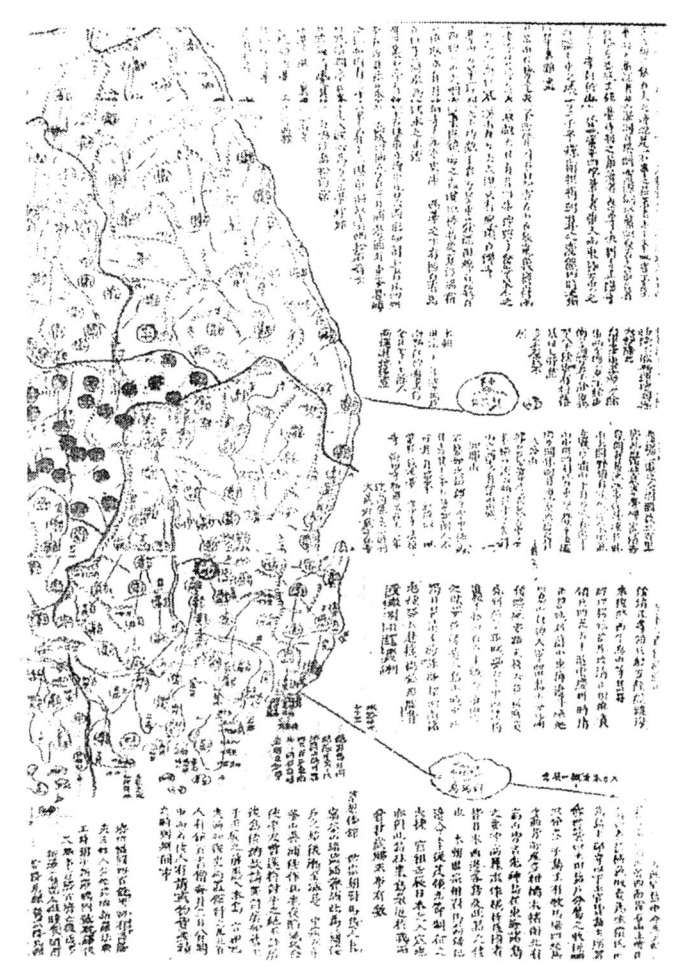

해좌전도(海左全圖)
1857년 이후. 19세기 중기에 제작된 대표적인 목판본 조선전도로 지도의 윤곽과 내용은 정상기의 〈동국지도〉와 유사하다. 울릉도에 대한 역사와 위치를 섬 동쪽에, 대마도는 남쪽에 대마도에 관한 역사적 사실을 적어 지리와 역사를 관련지역에 연결시키고 있음이 주목된다.

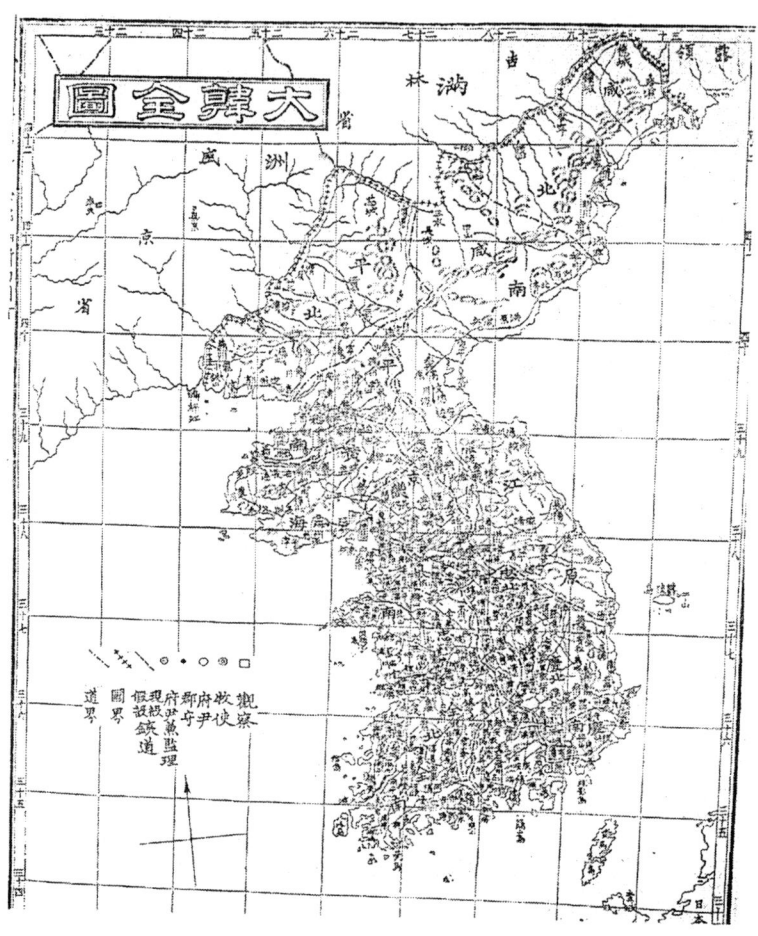

▶ 대한전도(大韓全圖)

  1899년. 학부 편집국에서 발행한 경위선이 들어 있는 우리나라 전도로 현채의 ≪대한지지(大韓地誌)≫에 삽입되어 있다. 대마도가 우리 지도에 들어있다.

4. 한반도 지명이 대마도에 이전

　최소한 대마도는 7세기 말경까지는 한국의 속도(屬島)였다. 이 섬은 한반도의 삼한(三韓)·삼국(三國)과 같은 한국이었다. 따라서 이 섬에는 한반도에서와 같은 국명(國名)·지명(地名)들이 등장하고 있다. 즉 대마도에는 임나는 물론 신라(新羅)·백제(百濟)·고구려(高句麗, 고려)의 마을도 있었다. 한반도에 신라인·백제인·고구려인들이 건너가 살면서, 그들이 사는 마을의 이름을, 본적지의 이름처럼 본국의 이름을 따서 불렀기 때문에 한반도의 이름이 있는 것이다.
　지명이란 고착성(固着性)과 보수성(保守性)이 강하기 때문에 그들에 의하여 붙여진, 위에서 든 지명들도 좀처럼 지워지지 않고 오늘날까지 전수되어 내려오고 있다. 그런데 이 읍락(邑落)들은 한반도의 삼국의 세력이 일본열도로 뻗쳐가는 발판으로서, 신라·고구려 읍락은 한반도 신라·고구려의 분국(分國)으로서의 역할을 하였고, 백제 읍락은 한반도 백제의 속군 으로서의 역할을 하였다. 신라·백제·고려의 이름을 가진 마을은 일본열도 안에도 있었다. 「가라」(가량(加羅), 가량(加良), 한(韓), 한량(韓良) 등으로 표기)라는 말은 원래 '성(城)'이나 '나라(國)' 혹은 '큰 마을'을 뜻하는 보통명사였다. 따라서 「가라」로 표기된 지명이나 이와 동계 지명이 한반도는 물론, 일본열도에도 분포하였다. 선주지(先住地) 즉 한반도에서 부르던 이름과 같은 이름을 붙여서 불렀기 때문이다. 즉 고대 주민(住民)의 이주와 함께 국명·지명이 이동한 것이다.
　오늘날 대마도의 지명에 신라·고려의 자취를 볼 수 있다. 즉 신라의 자취로서 백자(白子, 시라코), 백강(白江, 리라에), 뢰원(瀨原, 세바루), 서라벌(徐羅伐, 소라바루), 백목산(白木山, 시라키야마, 신라산) 등이 있고, 고려의 자취로서 고려산이 있다.

　신라·백제·고려의 지명, 사사명(社寺名), 성씨명이 일본 전역에 널리 분포하였다.　한반도의 삼국인이 도해하여, 그들이 사는 마을에 그들의 본국명을 본적지의 이름처럼 붙여서 불렀기 때문이다.　이를 보아서, 일본열도로 건너가는 길목인 대마도에 신라·백제·고려의 읍락이 있었을 것임은 넉넉히 짐작된다.

　고대의 한반도를 한향지도(韓鄕之島, 日本書紀) 또는 한도(韓島)라고 하였다.　한반도에서 건너간 사람들이 그곳에서도 '성(城)', '나라(國)', 혹은 '큰 마을'을 kara(韓)라 하였기 때문이다.　이 섬을 한향지도, 한도라 한 것을 보면 이 섬에 한반도의 마한, 진한, 변한 및 신라인, 백제인, 고구려인 등이 많이 건너가서 살았음을 알 수 있다.

　(이병선 글에서)

5. 대마도의 공도정책

　대마도가 우리 땅임에도 방치하여 왜가 들어와 살게 된 데에는 양측의 사정이 있었다.

　우리나라에서는 백성 보호를 우선시하였으므로, 행정·군사력이 미치기 어렵다고 생각되면, 섬을 비우는 공도정책을 썼다.　공도정책은 그 섬을 우리의 영토에서 버린다는 의미가 아니라 백성을 보호하기 위한 한 정책임을 알아야한다.　울릉도와 독도의 공도정책도 같은 맥락이다.　대마도는 농토가 없고 척박하여, 기록상으로 보면 먼 옛날 우리 선조들은 말을 기르는 곳으로 이용하였던 것으로 보인다.

　왜의 입장에서는 본토에서 살기 어려운 사람들, 즉 전쟁 등으로 막다른 골목에 내몰린 무사들이 피난처로 삼거나, 아니면 특수한 목적 즉 굶주림에 지쳐 목숨을 연장하기 위하여서는 해적질이라도 해야 되는 절박한 무리들이 이 섬에 둥지를 틀게 된 것이다.

세종 31년에는 대마도 해안에서 멀리 떨어진 섬 완도에도 '적변이 있을 경우, 구원하기 어렵다.'는 이유로 공도정책을 썼던 것이 보인다. 울릉도의 공도정책으로 왜인들이 거의 한 세기 동안 거주한 바 있다. 이를 통해 조선 시대에 또는 그 이전부터 있었던 우리의 섬 정책의 일면을 볼 수 있다. 대마도를 비워둔 것도 이러한 정책에 기인한 것이 아닌가 한다.

완도의 공도를 원하는 품신서를 보면 다음과 같은 내용이 나타난다.

"해남(海南)·강진(康津)의 경내에 있는 완도(莞島)는 바다 가운데에 떨어져 있어서 달량(達梁)·마도(馬島)의 방어소와 심히 거리가 멉니다. 혹시 적변(賊變)이라도 있게 되면 구원하러 나가지도 못하오매 실로 고립되고 위험한 곳이오니, 청하옵건대, 백성들이 밭 갈고 씨 뿌리는 것을 금하게 하옵소서."하니 그대로 따르다.

6. 수직왜인

1) 수직왜인과 법적 지위

수직왜인(受職倭人)이란 조선 정부로부터 관직을 제수 받은 왜인을 말하며, 이에는 항왜(降倭) 또는 향화왜(向化倭)로 조선에 투화 내지는 귀화하여 관직을 제수 받은 귀화왜(歸化倭)와 일본(대마도 포함)에 거주하면서 조선의 관직을 받은 통교왜(通交倭)이 두 종류가 있다.

수직왜인에 관한 최초의 기록은 1368년(고려 공민왕 17)에 대마도주(對馬島主)가 만호(萬戶)의 벼슬로서 그가 사신을 고려에 파견하였는데, 고려에서는 그에게 쌀 1천 석을 하사했다고 한다. 이로 미루어 볼 때, 대마도주는 고려의 지방 무관직인 만호를 받았고, 그에 상응하는 대우로 쌀을 받아갔음을 알 수 있다. 그래서인지 대마도의 역사서인 ≪대주편년략(對州編年略)≫에도 "대마도는 고구려의 목(牧)이다."라는 기록이 있다. 또한 산가 요약기에도 말하기를 "대마도는 고려의 목(牧)이다."라고 나온다.

수직왜인고신(1555년. 平長親告身)

조선조 수직왜인의 시초는 1396년(태조 5) 왜선 60척과 수백인의 왜인을 인솔하고 투항한 구륙(疚六)으로, 조선에서는 그에게 해도관민 만호(海道管民萬戶)의 관직을 제수했다. 구륙은 그 이듬해에 등육(藤六)으로 개명하였는데, 조선에서는 다시 '선략장군 행중랑장(宣略將軍行中郞將)'(서반 종4품)의 관직을 제수했다.[1] 이 외에도 1397년에는 적수(賊首) 임온(林溫)이 병선 24척을 이끌고 와서 투항하여 선략장군의 관직을 제수 받은 것을 비롯하여 망사문(望沙門), 곤시라(昆時羅), 사문오라(沙門吾羅), 삼보라평(三寶羅平), 현준(玄准) 등 대마도에 거주하는 많은 왜인 두목들이 투항하여 관직을 제수 받았다. 한편 평원해(平原海), 등차랑(藤次郞), 간지사야문(看知沙也文)

과 같이 의술·조선술·제련술 들의 기술을 가지고 투항하여 수직인이 된 자도 있었으며, 평도전(平道全)과 같이 대마도주의 대관으로 조선에 와 수직왜인이 된 자도 있었다.[2] 또 이들에게 조선은 여러 종류의 관직을 주었고 경제적인 대우도 해 주었다.

  수직왜인들이 받은 관직은 대개 무관(武官)직이었다. 비록 실권은 없지만 대마도를 남쪽 번병으로 인식하여 남쪽을 지킨다는 의미가 내포되어 있다.

  대마도의 수직왜인 가운데 대표적인 인물로는 오사키의 소다(早田)일족을 들 수 있다. 이들은 원래 해적이었으나 조선뿐 아니라 멀리 떨어진 류큐(현재 일본의 오키나와)와도 통교를 맺기도 하였으며, 4대에 걸쳐 일곱 명이 조선 관직을 받았다. 이들의 후손은 지금도 오사키에 살고 있으며, 조선이 히코사부로(皮古三庸羅)등에게 준 임명장(告身)이 세 장이나 전해지고 있다. 1444(세종 26)년에서 1510년 사이에 조선으로부터 관직을 제수 받은 일본의 수직왜인은 모두 90명이었는데, 그 중 대마도인이 52명이나 되었다.

  수직왜인은 조선으로부터 한 번 제수를 받으면 그 자손들도 아비의 관직을 물려받을 수 있었다. 그것은 대단한 특혜조치였다.

  왜구 금압 이후 조선에 오는 대마도와 일본인들의 숫자가 폭증하면서 조선측이 이들을 순수하게 대접하는 비용만도 쌀로 일 **년**에 일만 석이 넘었다. 조선은 무질서한 입국을 막기 위해 오늘날의 여권과 입국허가를 겸한 '도항증명서' 제도를 실시하였다. 입국을 증명한다는 공적인 편지(書契)와 그곳에 찍힌 도장이 도항자의 진위를 가리는 잣대가 되었다. 서계는 사자를 파견하는 사람이 조선정부 앞으로 보내는 외교문서지만 도항자의 인적 사항이나 도항 목적이 적혀 있기 때문에 입국 증명서나 마찬가지였다. 조선은 대마도인의 경우 대마도주의 서계를 지참해야만 입국을 허락하였고, 그 나머지는 큐슈 영주의 서계를 가져오도록 하였다. 그런데 이들 서계 중 가짜가 속출하자 위조서계를 막기 위해 조선에서는 동인(銅印)을 서계 발급자에게 주어 날인시킴으로써 서계는 반드시 이 도서를 받아야만 그 효력이 인정되었다. 이것이 곧 '도서제도'로서 도장을 받은 사람을 '수도서인'이라 했다. 수도서인이 되면 일 년에 몇 척이나 되는 배를 조선에 보내 장사할 수 있었으므로 해마다 신청자가 쇄도하였다. 1471(성종 2)년 32명의 수도서인 가운데 대마도인이 23명이나 되었다. 대마도주 소오씨가 조선의 수도서인이었던 것은 말할 것도 없다.

이밖에 문인(文引)이라는 것도 대마도주의 요청에 따라 1438년부터 실시하게 된 도항증명서의 하나로, 조선에 건너가는 모든 배는 대마도주의 도항증명서인 문인을 발급받도록 하였다. 이 때문에 과거에 아무리 수도서인 자격을 얻은 자라 하더라도 대마도주의 문인이 있어야만 조선에 올 수 있었다. 소오씨는 문인 발행에 대한 수수료 및 교역물품에 대한 세금을 바탕으로 대마도 내에서 권력을 강화해 나갈 수 있었다.

대마도인들이 조선의 각종 통제책에 의하여 왜구로부터 통교자로 전환하여 조선 중심의 정치 질서와 외교 질서에 편입되어 갔다. 교려 중엽부터 진봉관계에 의하여 우리나라에 종속되어 있었던 대마도는 일본 내부의 사정으로 인하여 왜구로 변질되었으나, 조선시대에 들어와 조선의 각종 통제책에 의하여 다시 조선의 중심의 정치·외교 질서에 편입되었다.

특히 이들은 수직제도를 통하여 조선의 관직을 제수 받고, 본인이 연 1회 직접 조선에 도항하여 서울로 상경한 후, 하사받은 조선관복을 입고 입조하여 조선 국왕을 알현하고 숙배하는 절차를 의무화했다. 이들이 받은 관직이 실직은 아니었다고 해도, 그들이 받은 대우와 각종 역할을 통해서 보면 이들이 조선의 정치 질서 속에 편입되어 있음은 부인할 수 없는 분명한 사실이다.

결국 대마도인들은 조선이 설정한 이러한 질서 속에서 통교자로서의 특권을 보장받아 그들의 생존을 유지해 갔던 것이다. 따라서 적어도 조선 전기의 경우만 보더라도 초무관 강권선의 보고에서처럼 대마도가 비록 일본 땅이었다고 해도 일본 정부의 명령이 직접적으로 미치지 않는 지역으로서 정치·외교적으로나 경제적으로 조선에 완전히 종속된 양상을 보여주고 있었다.

이러한 대마도의 조·일 양속성은 메이지 정부에 의해 조선통교권이 박탈되기 전까지 기본적으로 조선과 대마도 관계를 특징지어주는 고유한 특성으로 지속되었던 것이다.

(한일 관계사 연구회 글에서)

2) 수직왜인의 유형

수직왜인의 유형을 보면 다음과 같다.

1. 적수(賊首) 또는 그의 일족으로서, 왜구의 두목으로 조선에 투항했다가 다시 귀환한 자들의 자손과, 왜구가 평화적인 통교자로 전환하여 조선에 건너온 자와 그의 후손
2. 피로인을 송환하였거나 표류인을 구조하여 송환한 자들(화지난주모, 신사야문 등)이 여기에 해당되는데, 이들 중 신사야문은 1456년(세조 2년) 조선인이 표류한 사실을 알려와 삼보라주문과 함께 쌀 20석을 하사받았고 사직(사직)에 제수되었다.
3. 조선에 침입하여 약탈을 자행했던 적왜를 포송하거나 참수한

공로로 수직왜인이 된 자들
4. 조선 사행(使行)을 호송하였거나 조선에 사신으로 왕래한 것을 계기로 수직왜인이 된 자다.
5. 대마도주의 특송이나 도주의 관하인(官下人)으로서 조선에 와서 수직왜인이 된 자로 이들은 조선과 대마도의 속주 외교관계를 유지하는데 많은 역할을 담당했다.

3) 수직왜인에 대한 경제적 지원

수직왜인에 대한 경제적 대우는 대단했다고 말할 수 있다.

먼저 향화왜인에게는 수직(직책)과 동시에 토지와 집, 의복, 식료품들이 지급되었으며, 그들이 원하는 조선여인과의 결혼이 허락되었고, 국가에 부담해야하는 전조(토지세)는 3년, 요역은 10년간이나 면제되었다. 그리고 관직에 상응하는 녹봉(祿俸)은 물론, 노비와 마필이며 마료(馬料)까지 지급하여 이들을 완전하게 조선의 정치체제 속에 귀속시키고 수용하였음을 말해준다.

한편 일본거주 수직왜인에게도 관직을 제수하는 교지와 그에 상응하는 조선관복과 관대를 하사하고, 그들이 연 1회 반드시 도항하여 서울로 상경한 후 하사받은 조선관복을 입고 국왕을 알현하며 입조하여 숙배하는 절차를 의무화시켰다. 이때 그들이 가져온 물품을 국왕에게 진상하고 하사물을 받는 조공무역을 실시했고, 이 기회를 이용하는 동반 상인들의 사무역도 실시되었다. 따라서 수직왜인이 부여받은 입조는 그들에게 무역상의 특권을 보장받는 것이며, 도서를 받게 되면 대마도주와 마찬가지로 세사미두(10석 내지 15석)의 정약자가 되기도 하였다.

조선에서는 수직왜인을 포함한 모든 통교 왜인들에게 일정량의 쌀을 무상으로 지급하였는데, 1439년 예조에서 대마도주에게 보낸 서계에 의하면, 1년에 오는 자가 무려 1만 명이나 되었고 그들에게 지급한 쌀이 거의 10만 석에 달했다고 한다.

4) 수직왜인의 역할

한·일 및 대마도 수교에 이바지한 수직왜인의 역할을 요약하면,
1. 수직왜인의 역할은 왜구의 토벌 종군으로 주로 향화수직인이 여기에 해당된다. 1406년(태종 6년) 투항왜인 임온, 등육, 오문(吳文) 등은 전라도에서 왜구토벌의 명을 받았고, 1410년에는 평도전으로 하여금 경상도, 전라도, 강원도에서 왜적을 방어하도록 했다.[3]
2. 일본거주 수직왜인들은 왜구의 동정 및 일본정세를 보고하는 역할을 하였다. 1418년(세종 원년) 평도전은 대마도주의 병문안을 위해 일시 대마도에 갔다가 조선으로 와서 왜적이 조선을 침략하려는 의도가 있음을 보고하였고, 이듬해에는 왜적선 70여 척이 조선침략을 위하여 떠났다고 보고하였다.[4]
3. 대마도와 조선의 사절로서 또는 사행을 호송하면서 조선과 대마 사이의 외교적 교섭 및 현안문제를 처리했다.
4. 도주의 명을 받아 삼포항거 왜인들을 통제하고 쇄환하는 일을 담당했다.[5]
5. 그들이 연마한 조선술, 의술, 제련술 들을 알려오기도 하였으며 선박제조를 했다.

위의 수직왜인들의 역할에 관하여 살펴보면, 왜인들에 대한 회유책과 아울러 조선 측에서 모든 성의를 발하여 그들을 우리의 품으로

안으려 했고, 그들 역시 조선을 위해 속주민으로서 충성을 다한 것이 사실(史實)로서 나타났다.

제3장 인용 및 참고 문헌

<주>
1) 태조실록 권 10, 5년 12월 계사, 병오 권 137년 2월 갑오
2) 태조실록 권 13, 7년 7월 병인
3) 대종실록 권 19, 10년 2월 갑자, 5월 무4
4) 명종실록 권 18, 10년 6월 갑자, 권 32, 21년 2월 경진
5) 명종실록 권 48, 5년 10월 부자

1. 손승철, 대마도의 조일 양속관계, 한일관계사연구회 학술 심포지움 발표문 1996
2. 이병선, 대마도는 한국의 속도였다. 이회문화사, 2005
3. 이옥순, 대마도주 종씨가문의 근원과 16세기까지의 계보, 동아농촌 19, 동아대, 1982
4. 이훈, 대마도 역사를 따라가다, 역사공간, 2005
5. 임채청, 간도에서 대마도까지, 동아일보사, 2005
6. 한문종, 조선전기의 수도서왜인, 한일관계사 연구회 5집, 1996
7. 한일관계사 연구회, 독도와 대마도, 지성의 샘, 2005

제4장 대마도와의 교류

1. 대마도의 흥망성쇠

　대마도 전체의 92%가 척박한 산악지형이고 농토는 3%도 안 되는 대마도의 생존과 성쇠는 역사적으로 한반도와의 교류에 크게 좌우돼 왔다. 대마도향토연구회 회장인 나가토메 히사에(永留久惠)는 "한반도와 대마도의 관계는 밝았던 시대와 어두웠던 시대가 있었다."고 말했다. 그는 가장 좋았던 시기로 "BC 3세기~ AD 2세기까지의 500년과 14세기 조선 초기 당시 대마도와 조선이 계약을 맺고 많은 교역을 했던 때"를 꼽았다.

　그는 또 대마도가 가장 힘들었던 시기로는 이 섬이 한반도 침략의 전초기지로 활용했던 임진왜란 직후를 꼽았다. 대마도는 임진왜란 당시 5000명이나 되는 섬 남자들을 침략전쟁에 내보냈는데, 그 중 3000여 명이 목숨을 잃었다. 또한 생명줄이나 다름없는 조선과의 교역이 끊겨 헐벗고 굶주린 생활은 이루 말할 수 없었다. 조선과의 선린교린에 힘써온 일본의 유학자 아메노모리 호오슈(雨森芳洲, 우삼방주)는 당시의 대마도인들의 생활상에 대해 '갓난아이에 젖줄이 떨어진 꼴'이라고 표현했다.

　(임재청 글에서)

2. 대마도와의 통교와 단절

조선이 대마도에 대해 우호적이며 각종 특혜를 허락한 것은 대마도인이 조선의 동쪽 울타리를 지키는 것에 대한 대가라는 인식이 있었기 때문이었다. 따라서 대마도는 반드시 조선국왕에게 조공물을 헌납하는 형식을 취해야했다. 대마도가 큐슈의 쇼니씨를 주인으로 섬기면서, 또 한편으로 외교적 의례를 치르면서까지 조선의 영향권 안에 있었던 것은, 조선

조선통신사 행렬 재현. 매년 8월 첫토.일요일 개최

무역 독점과 '조선-대마도-하카타'로 연결되는 무역로의 확보라는 그들의 생존과 직결된 경제적인 이유가 있었기 때문이었다.

 1510년 대마도인을 비롯하여 통교를 단절해 버렸다. 1512년 임신약조를 계기로 무역이 부활되긴 했지만, 액수는 줄어들었다. 이에 불만을 느낀 대마도인들은 1544년에는 사량진에서 왜변을 일으키고, 또 1555년에는 달량포에서 왜구들이 을묘왜변을 일으켰다. 조선은 대마도에 대한 응징으로 일시적으로 무역 단절이라는 조치를 취하긴 했지만, 무역량을 이전보다 줄여버리는 수준으로 회복시킴으로써 대

마도와의 무역 자체를 아주 끊어버리지는 않았다.
 (이훈 글에서)

3. 대마도의 일본화

　대마도는 16세기 말 일본 전국시대를 통일한 도요토미 히데요시에 의하여 임진왜란 침략의 전진기지가 되면서 급속도로 일본화 한다. 특히 19세기 후반 메이지 정부가 대마도의 '대한(對韓)외교권'을 중앙정부로 가져감으로써 대마도는 단독국이나 속국을 떠나서 완전히 일본 정부에 편입됐다. 1868년 대마번(藩)이 메이지 정부에 올린 봉답서를 보면 대마번이 조선의 번속국이었다는 사실을 더욱 확실히 알 수 있다.
　"조선에 대해 번신의 예를 갖추어 수백 년간 굴욕을 받았으니 분함이 이루 말할 수 없습니다.… 지금의 서계부터 조선이 주조해 준 도서 대신에 일본 조정이 만들어 주는 새로운 도장을 사용하여 그들(조선)이 번신으로 우리를 대해 온 오류를 바로잡아서 옛날부터 받아온 국욕(國辱)을 씻고 오로지 국체와 국위를 세우고자 합니다."
　이와 관련해 전북대 하우봉(河宇鳳) 교수(사학)는 "일본과 청(淸) 양쪽에 조공을 바친 오키나와의 류큐(琉球, 류구)왕국처럼 조선과 일본 양쪽에 예속된 양속(兩屬)관계에 있었거나 적어도 일본 본토와는 다른 반독립적 존재로 스스로를 인식했던 것으로 볼 수 있다."고 말했다.
　대마도는 중국의 고서에 나온바와 같이 대마국이었으나 조선에 예속되어 있다가 일본 쪽으로 기울어진 것으로 볼 수 있다.

(임채청 글에서)

4. 부산 왜관

왜란 이후 조선은 오로지 부산 한곳에만 왜관을 지어 무역·외교에 관한 일본과의 모든 현안을 처리하였다. 이와 관련된 각종 대마도인, 즉 사자를 비롯해서 상인, 승려, 기술자들도 왜관 안에서만 살도록 하였다.

왜란 이전 3포에는 왜인들이 자기 가족을 데리고 와서 살 수 있었다. 정착도가 높아지다 보니 조선인과의 교제도 자유로워져 조선 정보가 흘러나가기도 하고, 남녀가 서로 사랑하는 일도 있다 보니 혼혈아도 생겨났다. 혼혈아의 증가로 이질감과 경계심이 없어지다 보면 조선의 비밀이 누설 될 우려 뿐 아니라 왜구가 근절되지 않은 상황에서 조선인과 일본인의 잡거는 안보를 위협할 수도 있었다. 조선은 왜란 이후 이런 문제를 미연에 방지하기 위해 대마도 사람들이 가족, 특히 여자를 데리고 오는 것을 금지했으며, 거주 공간을 왜관 한 곳으로 한정하여 조선인과의 접촉을 아예 막으려 했던 것이다.

왜관은 왜란 직후에는 부산 절영도(1601년)에 임시로 설치되었다가 1678년에는 왜관이 초량(草梁)으로 이관되었다. 초량 왜관은 1872년 메이지 정부의 외무성에 접수될 때까지 200년 남짓 용두산 자락에 있었다. 약 10만평 규모의 초량 왜관 안에는 왜관을 총괄하던 칸슈(館守)의 관저를 비롯하여 용두산을 중심으로 동쪽과 서쪽에 건물들이 들어섰다. 동쪽에는 왜관에 상주하면서 조선과의 업무를 보던 사이항(裁判, 재판)·다이칸(代官) 등, 주로 무역과 관련된 대마도 관리들의 거주 및 업무공간이 있었다. 서쪽에는 대마도에서 잠깐씩 파견되던 사자들의 거처가 있었다. 왜관 건물의 건축 비용을 조선이 부담하고, 낡거나 훼손된 경우에도 조선이 수리해 주었다. 그렇지만 건물 자체는 대마도가 일본에서 150명의 목수와 자재를 들여와 일본식으로 지었다.

(이훈 글에서)

5. 한일합방과 대마도

한일합방(1910년)은 대마도에도 큰 영향을 미쳤다. 조선의 식민지화를 계기로 일본정부와 재계의 관심이 온통 조선으로 옮겨감에 따라, 대마도는 근대화의 중심지에 놓이게 되었다. 러일전쟁때 까지만 해도 일본 정부가 대마도에 대해 갖고 있던 국방의 최전선 내지는 국경으로서의 관심도가 미약했다. 당시 일본은 조선과의 외교와 무역에만 의지한 채 이렇다 할 자원과 산업을 갖고 있지 않았던 대마도는 그저 '멀리 외떨어진 섬'으로 간주되었다.

대마도는 현의 약간의 보조비, 또는 자치단위의 예산으로 도로를 정비하는 등 뒤떨어진 시설의 정비에 자구의 노력을 기울였지만, 1937년 중일전쟁 이후 1945년 태평양전쟁이 끝날 때까지 지속된 전시 체제는 대마도로 하여금 식량증산과 내핍생활을 면치 못하게 하는 등 경제적으로 어려운 생활이 지속되었다.

그런데 이 시기는 국가총동원법하에 전시 체제가 진행되는 속에서 동원 및 징용 방식으로 일본에 강제 연행된 조선인들이 200만 명이 넘었다. 대마도도 예외가 아니어서 식민시대의 대마도에는 약 6,000명 정도의 조선인 탄광 노동자가 있었으며 주로 목탄제조에 종사하였다. 식민지시대라는 점을 배제하면 이 시기는 민간 차원에서의 한국인과의 접촉기회는 많아졌다고 할 수 있다.

한편 식민지시대에는 한국과의 국경이 없어진 만큼 조선에 가는 창구로 히타카츠(比田勝, 비전승)와 부산을 잇는 항로가 개설되었으며, 부산과 대마도의 왕래가 그야말로 일일생활권 안에 들게 되었다. 대마도와 큐슈 본도를 잇는 '이즈하라-후쿠오카 선'이나, 일본 혼슈와 연결하는 '히타카츠-시모노세키 선'보다도 시간과 비용이 훨씬 저렴하게 드는 '부산-히타카츠 선'은 일시적이나마 하나의 지역 경제발전에 크게 도움을 주었다.

(이훈 글에서)

6. 해방 후 한국과 대마도간 교류

1945년 8월 15일 세계 제2차 대전에서 일본의 패배와 한국의 주권회복으로 한국과 일본 사이에는 국경이 다시 생기게 되었다. 그리고 1952년 '이승만 라인(평화선)' 설정을 계기로 한국보호수역

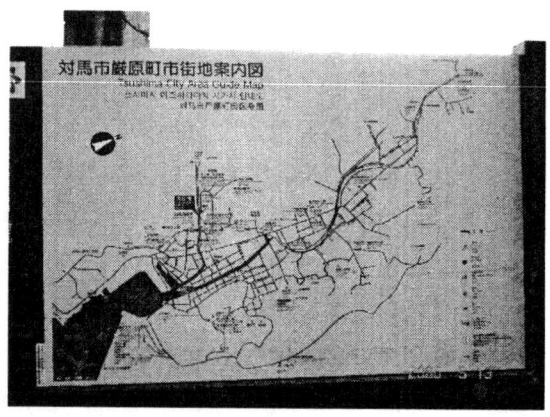

대마식 이즈하라 시가지 안내판

안에서 일본 선박의 조업이 금지되자 자유로운 교류나 조업은 어려워지게 되었다. 예를 들면, 패전 전 목탄제조 관계로 대마도에 거주하던 많은 수의 한국인은 귀국하지 않을 수 없었다. 1949년 대마도에 남게 된 한국인은 2,000명 정도였다. 또 '이승만라인' 설치 이후에는 대마도 서안에서 조업하던 나가사키 배가 한국경비정에 나포되기도 했는데, 이곳은 참치·방어·가다랭이 등이 많이 잡히는 곳이었다.

그러나 교류에 대한 욕구는 밀항·밀무역을 통해서 계속되었다. 종전 이후 얼마 되지 않은 1949년 대마도에서 조사된 밀항자나 밀무역 통계 중에서는 한국인이 가장 많았다. 1950년 6·25 전쟁 때에는 전쟁을 피해 부산·통영·여수에서 출항하여 대마도로 밀입국하는 한국인들이 급증하였다. 이들은 주로 밀무역에 종사하였다. 미군에서 방출된 페니실린이나 다이야진 등의 약품과 사탕을 일본의 의류 및 알루미늄 제품과 교환하였다. 1955년 통계를 보면 대마도 거주 한국인은 2,385명으로 수산업이 164명, 목탄제조가 41명, 선원 34명, 해녀가 30명에 달하였다.

1952년 ~ 1965년 '이승만라인' 설정기에는 한국에서는 금지했지만 일본정부의 묵인 하에 대마도를 무대로 한국과 일본 사이에 밀무역이 활발하였다. 1955년부터 5년간 대마도의 이즈하라에 들어온 한국선박은 처음 90척에서 978척으로 늘어났다. 마산·여수·통영·부산·삼천포 등지에서 들어오는 한국 배들은 주로 고철과 김 등의 해산물을 실어와 일본 의류 및 화장품과 바꿔갔다. 한창 때에는 대마도 이즈하라에 들어오는 한국 배가 하루에 20~30척으로 한국 선원들이 식사나 선물을 마련하기 위해 쓰는 소비가 이즈하라를 활기차게 만들었다.

그러나 1962년경부터는 목탄제조업의 쇠퇴, 한일무역의 쇠퇴로 대마도내 한국인들이 오사카(大阪, 대판)・코베(神戶, 신호)로 이주 및 귀국을 신청하는 사례가 증가하게 된다. 1967년 대마도내 한국인들은 757명밖에 되지 않았다. 뿐만 아니라 1968년에는 한일국교가 정상화됨에 따라 밀무역 형태의 교류도 사라지게 되며, 한국인과의 접촉 기회는 그만큼 줄어들게 된다.
(이훈 글에서)

제4장 인용 및 참고문헌

1. 김용욱, 부산 왜관고, 한일 문화 연구소, 1962
2. 김의환, 조선 통신사의 발자취, 정음문화사, 1985
3. 라종우, 고려 말기의 한일관계, 전북대 사학회, 1980
4. 이현종, 고려 조선시대 한일 관계의 전개, 동국대 일본학연구소, 1981
5. 이훈, 조선후기 표류민과 한일관계, 국학자료원, 2000
6. 이훈, 대마도, 역사를 따라 가다, 역사공간, 2005
7. 임채청, 간도에서 대마도까지, 동아일보사, 2005
8. 제임스 루이스, 부산 왜관을 중심으로 한 조・일 교류, 정신문화연구, 1997
9. 한용근, 고려 말 왜구에 대한 소고, 경희대 사학회, 1980

제5장 왜구의 침략과 대마도 정벌

1. 왜구의 침략

왜구는 조선인과 중국인이 일본의 해적집단을 가리키는 용어이다. 왜구의 침략은 아주 오래 전부터 수 없이 자주 자행되어 왔는데, 고려 충정왕 2년(1350) 경부터 활동하기 시작한 것으로 보인다. 왜구가 우리나라를 침략한 역사적인 전개 과정을 병조참의 박안신(朴安臣)은 다음과 같이 말하고 있다.

1. 1350년에 협박하고 노략질을 하나 백성들은 싸울 줄을 몰라 바라만 보고 당하기만 함.
2. 1378년 때 왜구는 서울의 한강을 통해 침략하려고 함.
3. 1380년 적선 100척이 우리나라를 침략하였으나 모두 화염에 싸이고 말았다.
4. 1382년에는 1380년에 패배한 것을 분하게 여겨 재침했으나 추방되고 말았다.
5. 1388년에 경상도 지역에 들어와 노략질을 하고 갔다. 1389년에 우리나라는 대마도에 들어가 보복을 함.
6. 1419년 우리의 해이해진 정신 상태의 빈틈을 타서 왜구는 침략을 함.

2. 일본 침략과 대마도의 왜구화

고려는 통일신라 때와 마찬가지로 중앙 정부 차원에서 일본과 공식적인 교류를 하지는 않았다. 그러나 대마도나 큐슈·이키의 무역선이 고려를 왕래하면서, 상인들 간의 교역이나 표류민 송환 같은 민간 교류는 유지되었다. 고려 중기 문종때(11세기 중엽 - 말엽)는 이런 교류가 아주 활발했던 시기로 고려는 대마도를 비롯한 민간 무역선으로 하여금 조공의례를 치르게 한 다음에야 외답 예물을 주었다. 이 과정에서 12세기 후반에는 소위 '진봉선(進奉船) 무역'이라는 것이 정착되었으며, 진봉선을 접대하기 위해 고려는 김해(金州)에 객관을 설치하였다.

	진봉선무역은 11세기 후반부터 13세기 전반까지 고려와 일본 간에 이루어진 무역형태의 하나로 고려 정부와 일본 다자이후(大宰府, 대재부) 사이의 약정에 따라 일본은 1년에 2척의 진봉선을 파견하도록 되어 있었다. 일본인들이 고려 국왕에 대한 특산품 등을 진헌하면 고려 국왕은 하사품을 내려준 진헌하사(進獻下賜) 형식의 무역이었다.

	그러나 진봉선 무역이 진행되는 중에도 일부 북부 큐슈인이 고려를 습격하는 일이 있었다. 더구나 13세기 중엽 몽고의 고려 침입과 삼별초의 대몽항쟁이 진압된 이후에는, 여몽 연합군의 일본 침략으로 진봉선무역이 단절되면서 왜구가 더욱 활성화하게 된다. 몽고(元)는 모두 11차례에 걸쳐 일본이 몽고에 조공을 하도록 권고했으나, 일본은 이를 거절하였다. 몽고는 마침내 1274년과 1281년 두 번에 걸쳐 여몽연합군을 형성하여 일본을 침공하였다. 이 때 길목이 되었던 대마도는 많은 인명과 경제적인 피해를 입었다. 1274년의 여몽연합군은 마산을 출발하여 이틀 만에 대마도를 공략하였다. 그러나 1281년 몽고의 일본 침입은 실패로 끝났다.

이 전쟁으로 고려와의 무역로를 상실한 대마도는 왜구로 변하게 되었다. 또한 14세기 일본은 남북조시대라 하여 일본의 모든 정치세력들이 두 파로 나뉘어 항쟁하던 시기였는데, 이 정치적 혼란이 바로 왜구 활동을 심화시키는 또 하나의 요인이 되었다. 특히 남북조 혼란기에 해당하는 14세기 이후에 대규모의 왜구가 고려를 습격하여 전국을 황폐하게 만들었으며, 중국 요동반도까지 휩쓸었다. 이 시기 왜구화의 본거지는 쓰시마, 아키, 마츠우라의 주민들로, 고려는 대마도를 왜구의 본거지로 여겼다. 왜구가 처음 목표로 삼았던 것은 고려의 조세를 운반하는 조운선(곡물선)이나 관의 창고를 습격하는 정도였으나, 점차 살인·방화까지 일삼았다. 뿐만 아니라 그 규모는 더욱 커져 수백 척의 배로 습격해 오기도 하고, 습격 지역도 해안에서 내륙지방으로 확대되었다. 이러한 왜구 활동은 고려 말 우왕 때(1370~1380) 최고조에 달했다.

고려 말 1366년에는 이러한 왜구 금압을 위해 일본의 중앙정부에 사신 김일(金逸)을 파견하였으나, 막부는 왜구를 통제할 능력이 없었다. 고려가 일본 서부의 유력 호족 및 대마도와 직접 교섭에 나서게 된 것은 이 때문이었다. 고려는 1377년 정몽주를 1378년 한국주(韓國柱)를 일본에 파견하여 왜구 단속을 요청하였다. 일본은 고려의 요구를 들어 왜구를 단속하는 한편, 왜구에 붙잡혀간 사람들을 송환해 오는 등 고려에 협조적이었다. 그 이유는 고려에 협력함으로써 그에 상응하는 보답이나 무역에 관한 권리를 인정받을 수 있다는 기대가 있었기 때문이다. 왜구 단속 요청은 상당한 효과가 있었지만, 왜구 활동이 아주 종식된 것은 아니었기 때문에, 최영·이성계 등이 직접 왜구 토벌에 나섰으며, 1389(공양왕 1)년에는 박위가 직접 대마도 토벌에 나섰다.

3. 대마도 정벌

조선은 일본의 국왕(실제로는 막부 장군)과 중소 영주에게 왜구의 금압을 요청하는 등 외교적인 방법을 동원하였으나 별다른 성과가 보이지 않았다. 우리는 그 동안

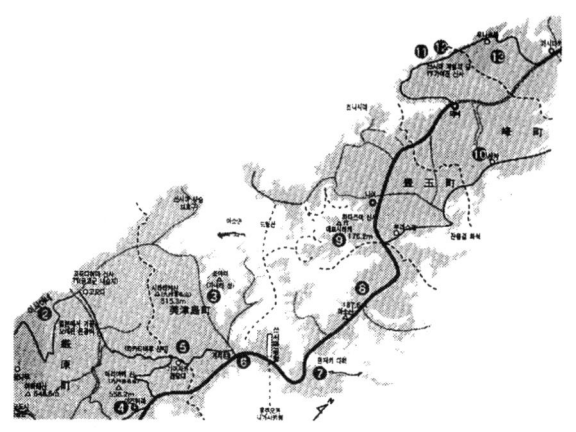

이종무 장군의 이소만 진군(상하대마중심부)

수없이 당해온 왜구의 침략에 대하여 참아 왔지만, 이번에야말로 단호히 응징하기로 결정하였다.

왜구의 소굴인 대마도 토벌은 세종 원년(1419년), 충청도 비인에 왜적 배 50여 척 출현으로부터 발단이 되었다. 왜구의 난동에 대한 인내가 한계에 도달하자 대마도 정벌을 단행하게 된다. 대마도정벌은 태조 때에도 계획한 적이 있었다.[1] 1419년 6월 19일 삼군도체찰사 이종무(李從茂) 이하 병력 17,258명이 65일분의 군량을 병선 227척에 나누어 싣고 거제도에서 출전하였다.

오시(午時 12시)에 우리 군사 10여 척이 먼저 대마도에 도착하다. 섬에 있는 도적이 바라보고서 본섬에 있는 사람이 돌아온다 하고, 술과 고기를 가지고 환영하다가 대군이 뒤이어 두지포(豆知浦)에 정박하니, 모두 넋을 잃고 도망하고, 다만 50여인이 막으며 싸우다가, 흩어져 양식과 재산을 버리고 험하고 막힌 곳에 숨어서 대적하지 않거늘, 먼저 귀화한 왜인 항복을 요청했으나 대답하지 않았다.

1419년 6월 20일 대마도의 아소만을 공격하여 적선 130여 척을 나

포하고 두지포에 정박한 후, 대마도주에게 효유문을 보냈다. 그러나 이에 대한 답신이 없자, 대마도정벌군은 6월 26일 상륙작전을 감행하여, 각지를 토벌하면서 가옥 2,000호를 소각하고, 왜구 100여명을 죽였다. 그러자 대마도주는 이종무에게 서계를 올려 군사의 철수와 수호를 간청하였고, 왜구의 주력이 도내에 없었던 만큼 정벌의 목적이 완전히 달성된 것은 아니었지만, 그래도 왜구의 본거지에 큰 타격을 가했으며, 또한 태풍에 대한 우려도 있어 7월 3일 귀환하였다. 그러나 귀환 직후 왜구가 다시 출몰하자, 재차 정벌군을 편성하여 출정을 대기하던 중 7월 12일 김해에서 도독 유강(劉江)이 요동에서 돌아오던 왜구의 주력 부대를 대파했다는 전갈이 전해져 재정벌 계획을 중지하였다. 이것이 소위 대마도정벌로 부르는 역사적 사건이다.

4. 대마도 통제 정책

조선정부는 대마도를 조선중심의 군사, 외교, 정치, 경제질서에 편입시키기 위하여 다각적인 연구를 하였다. 왜구에 대한 대책은 군비확충과 무력에 의한 토벌, 막부장군과 중소영주를 통한 외교교섭, 왜구에 대한 직접교섭과 대마도에 대한 실리교섭에 의한 것이었다.

  첫째, 고려 말부터 진행된 군비확충과 무력에 의한 토벌을 행하여 고려 말의 왜구를 진압하게 되고, 조선조에 들어와서도 해방대책(海防對策)이 충실하여 태조 6년(1397년)에는 "연해지역에 대한 수군의 방어에 의해 적이 감히 접근하지 못하게 되었다"고 하였다.

둘째, 막부장군과 중소영주들에게 외교교섭을 통하여 그들로 하여
금 왜구를 금압하도록 하는 우회적인 방법을 취했다. 그러나
당시 일본 중앙정권의 지방통제력 약화로 별 효과를 거두지
는 못했다. 이에 조선은 다시 왜구에게 직접적인 영향력을
행사하는 봉건영주들을 교섭해 보았다. 그러나 이러한 정책
으로는 기대한 만큼의 효과를 거두지 못했다. 결국 조선정
부는 왜구 당사자를 직접 회유하는 방법을 생각하여 그들을
상대로 여러 가지 통제책을 정비해 나갔다.
셋째, 대마도에 은거하는 왜구를 직접 회유하여 조선에서 만든 통
교규정에 따라 그들을 조선중심의 정치, 외교, 경제질서에 편
입하는 정책을 실시하였다.[2]

왜구가 통교자로 전환된 형태는 크게 세 종류로 나누는데,
첫째, 사송왜인(使送倭人)으로서 사자(使者)의 명칭을 띠고 도항해
오는 자를 말하는 것이다.
둘째, 흥리왜인(興利倭人)으로 무역을 위해서 도항해 오는 자들을
말하는데, 그들을 상왜(商倭) 혹은 판매(販賣)왜인이라고 불
렀다.
셋째, 투화왜인(投化倭人)으로 이들을 항왜(降倭) 또는 향화왜(向
化倭)라고 불렀다. 왜구가 연해지방에 침범했다가 귀순 종용
에 따르는 경우나, 왜구는 아니더라도 생활이 어려운 왜인이
조선에 귀화하여 오는 왜인들을 칭하는 것이었다.

이들 규정을 통해 대마도가 어떻게 조선중심의 질서 속으로 종속
되어 갔는지를 살펴보면,

1) 도항지인 포소(浦所)를 제한하여 사포제도(四浦制度)를 확립하였다.

　　흥리왜인이나 사송왜인으로 도항해 오는 왜인들이 무질서하게 내왕하자, 조선에서는 국방상의 이유와 그 폐단을 줄이기 위해 1407년부터 부산포와 내이포(乃而浦)를 그들의 정박처로 한정시켜 그 출입과 교역품을 통제하였다. 이후 1418년 대마도 정벌로 인해 일시 폐쇄하였으나 그들의 간청으로 1423년에 다시 부산포와 내이포 두 곳을 허락하고, 이어 염포와 가배량을 추가 개방함으로써 사포제도를 확립하였다.

2) 각종 도항증명으로는 서계(書契), 도서(圖書), 통신부(通信符), 행장(行狀), 노인(路引), 문인(文引) 등의 여러 가지가 있었는데, 그 실시 연대나 동기·목적 등이 각기 다르지만, 모두가 도항왜인을 다각적으로 회유하고 통제하여 조선의 외교질서에 예속시키기 위한 정책이었다.[3]

3) 통교권을 통해 조선의 대마도 지배권을 강화하였다.

　　대마도주를 통한 문인발행권의 단일화 조치는 조선 측에도 통교일원화를 위한 효과적인 통제책이 되었다.

　　그러나 이상의 여러 가지 통제책이 최종적으로 대마도주에게 위탁하는 형식이 되었기 때문에 그 운영상 모순이 없는 것은 아니었다. 따라서 조선은 결국 통교자에 대한 도항 횟수나 교역량, 세견수 등을 직접 통제하게 되었으며, 이러한 조치는 세견선 수의 장악과 접대규정의 체계적인 정비로 매듭 되어 갔다. 이러한 체제는 단계적으로 대마도왜를 지배하는 조선정부의 길들이기에 준한 내용이었다.

4) 모든 도항자의 세견선 수(歲遣船數)를 정함으로써 도한 횟수

밑 교역량을 제한하였고, 또 교역의 방식도 조공무역의 형식을 갖추게 하였다.
(김화홍 글에서)

제5장 인용 및 참고문헌

<주>
1) 태조실록 권 10, 5년 12월 정해
2) 조선에 도항하여 오는 왜인들을 조선중심의 정치, 외교, 경제질서에 종속시키는 정책을 속주정책이라 하는데, 이 예속정책의 구체적인 내용과 성립과정에 관해서는 손승철의 『조선시대 한일관계사 연구』, 지성의 샘, 1994 참조.
3) 각종의 도항증명과 그 규정에 관하여는 이현종의 『조선전기 대일 교섭사 연구』 제 4장 제3절 입국헌증의 종별 규격 및 용도 참조

1. 국방군사연구소 편, 왜구 토벌사. 국방군사연구소, 1993
2. 김화홍, 대마도도 한국 땅, 지와 사랑, 1999
3. 손승철, 조선시대 한일 관계사 연구, 지성의 샘, 1994
4. 손홍열, 려말 선초의 대마도정벌 호서사학 6, 1974
5. 손홍열, 고려말기의 왜구, 9, 단국대, 1975
6. 이현종, 조선전기 대일 교섭사 연구, 단국대 출판부, 1977
7. 이훈, 대마도, 역사를 따라가다, 역사공간, 2005
8. 한일관계사 연구회, 독도와 대마도, 지성의 샘, 2005

제6장 대마도 유적

1. 대마도의 문화유산

　대마도의 자연경관 및 섬에 자생하는 동·식물류, 그리고 섬주민의 생활과 여러 곳에 산재하는 문화유적 등에 바로 우리의 연안 섬과 다른 점이 없다. 있다면 우리 문화의 뿌리에다 일본 현대문화의 요소를 접목시킨 것으로 보여 진다.
　그런데 일본인들은 대마도와 조선이 지리적으로 그렇게 가까우면서도 문화는 일본 측에 의존했다고 주장한다. 지금 대마도 문화의 99%는 조선의 그것임을 알면서도 그렇게 일단은 우겨놓고 보는 것이다.
　일본인들은 대마도의 문화는 우리의 것인데 그들의 국가이익을 위해서라면 엄청난 거짓말을 서슴없이 하고 또 행동에 옮긴다.
　대마도는 후박나무, 메밀잣밤, 팔손이, 삼나무 등의 열대 푸른사철나무군락이 언제나 섬을 뒤덮고, 사방에서 불어오는 해풍에 춤을 추는 고도의 낭만이 서려 있는 섬이다. 대마도 문화의 텃밭이 되는 것은 바로 조선의 문화유산이다.
　대마도의 생물들은 대륙계통의 것이 많은데, 동물류에서도 산고양이, 대마도 단비, 대마 사슴, 고려 꿩 등 일본열도에서는 볼 수 없는 것들이 서식하고 있다. 일본 쪽에 있는 일기도(壹岐島)에도 없는 것들이다.
　대마도에서 가장 오래된 유적은 '아소만'만의 북쪽 해안에 있는 '누가시' 유적과 '가토(加滕)' 유적이 유명하다. 이 두 유적에서 승문

시대 중기에서 후기에 걸쳐 사용되었던 석기와 토기가 나왔다.

그리고 누가시의 유적에서 우리나라 신석기 전기경에 사용했던 빗살문양의 토기가 발견되었고, 또한 해저 가토 유적에서는 땅 밑으로 1.5m나 되는 승문시대 중기층에서 우리나라 빗살문양의 토기가 발굴되었다.

이 시대의 유물은 일본열도에서 보다도 훨씬 이른 시기의 유물임이 밝혀졌다. 물론 이런 종류의 토기는 우리의 조상들이 그곳에 삶의 텃밭을 일군 증거들이다. 신석기시대에 우리 조상들이 벌써 규슈나 일본열도 곳곳에 왕래하며 살았고, 특히 김해 근방의 가야 사람들이 해류를 타고 대마도 서북쪽으로 흘러 들어가기가 쉬웠다는 것은 이미 고증된 바 있다.

그리고 이곳 대마도에 묻혀 있는 사람들이 평균 신장이 일본의 원주민보다 월등히 컸었다(원주민 155.7cm, 도래인 165.6cm)는 사실은, 바로 대마도인의 선주민은 우리들의 선조였고 그 후에도 우리 민족을 구성되었음을 증명한다.

각종 문화유적과 유물들을 보면, 승문시대와 미생문화를 거쳐 고분시대의 무덤과 신사(神社), 가야유물, 삼국시대의 유적 및 고려·조선의 문화가 계통적으로 섬 전체를 은은하게 덮고 있다.

2. 조선왕실의 관직 임명장 '고쿠신'

이즈하라에 있는 대마역사민속자료관의 정문에는 조선통신사를 영접했던 '고려문'이 복원돼 있다. 전시장 안에는 조선통신사의 장엄한 행렬을 그린 그림과 통신사들을 대접하는 밥상 그림 등 당시의 화려했던 접대문화를 나타내고 있다.

　전시된 유물 중 가장 눈에 띄는 것은 수직왜인(受職倭人)들에게 벼슬을 내릴 때 주던 관직임명장인 '고쿠신'(告身, 고신)이 있다. 이 유물엔 '조선 명종 때 대마도인 다이라노 나가치카가 성능이 좋은 총을 바쳐 조선왕실이 그 공을 치하하고자 당상관 벼슬을 내렸다.'는 설명이 붙어있었다. 고쿠신의 설명서를 자세히 보니 '한국 국사편찬위원회 수장 유물'이란 표시가 돼있다. 대마도 호족이 조선왕실로부터 받은 관직임명장이 전시된 것이다.

　대마도가 예로부터 왜구의 소굴이었던 점을 되새겨 본다면, 일본출신, 중국출신, 한국출신 왜구를 비롯한 대마도 거주민의 정체성을 연구하는 것도 이 땅의 주인을 찾는 방법 중의 하나일 것이다. 13세기 중엽부터 메이지유신까지 600여 년간 대마도를 다스려왔던 소(宗)씨 일가에 앞서 대마도를 지배한 가문은 '아비류'(阿比留)씨 가문이었다. 아비류씨는 어원적으로 '아사달', '아직기', '아사녀'와 같은 백제계통의 성씨인 것으로 추측된다(4장 참조).

3. 조선통신사 행렬

　매년 8월 첫째 일요일에 조선통신사 행렬을 재현하는 '아리랑 마쯔리'가 열린다. 축제 행사 때 "아리랑 아리랑 아라리요 아리랑 고개로 넘어 간다"라는 우리 민요를 부른다. 그리고 지금도 정오가 되면 "무궁화 무궁화 우리나라 꽃. 삼천리강산에 우리나라 꽃"이란 멜로디가 이즈하라 하늘을 전파하고 있다. 이렇게 대마도에는 우리 서정이 짙게 깔려 있다.

조선 통신사 행렬

아리랑 마쯔리가 열리면 대마도 주민들과 학생들은 모두 한복으로 갈아입고 북치고, 장구 치면서 지난날의 조선통신사 행렬을 재현한다. 조선통신사 정사(正使)가 탄 가마에는 주로 부산 동래 구청장이나 구의회회의장이 초청돼 탑승하며, 대마도를 지키는 육상자위대와 해상자위대 대장이 말을 타고 에스코트한다. 이때에는 일본 본토와 한국에서 수많은 관광객들이 찾아와 거리를 가득 메운다.

임진왜란 후인 1607년(선조 40년)부터 1811년(순조 11년)까지 장장 200여 년 동안 12차례에 걸쳐 계속됐던 조선통신사는 조선 최고의 관료와 학자, 문화인을 비롯해 화려한 악대(樂隊), 소동(小童), 무인(武人), 통역관 등 500여명에 달하는 대사절단이었다. 이 때문에 조선통신사가 통과했던 이즈하라 지역의 웬만한 절이나 버스터미널, 사무라이 저택 등 큰 건물에는 예외 없이 '조선통신사가 묵었던 곳'이라는 대리석 표지판이 세워져있었다.

(임채청 글에서)

4. 조선역관사위령비

대마도 북단 와니우라(鰐浦, 악포) 언덕에는 높이 3m정도의 '조선역관사비'가 서 있다.

1703년 2월 5일 밤 대마도 북단 와니우라 해변에서는 아무도 생각지 못한 큰 사고가

조선 통신사 비

일어났다. 대마번 중흥의 영주라 일컬어지는 제21대 도주 소오 요시자네(宗義眞, 종의진)에 대한 조문과, 새 도주 소오 요시미치(宗義方, 종의방)가 에도에서 태어나 처음으로 대마도로 들어오는 덕을 축하하기 위해 떠났던 조선의 도해역관 일행 108명(정사, 한천석(韓天錫)이 전원 익사해 버린 것이다. 이들이 부산을 떠나 2월 5일 아침에는 북서풍의 순풍이 불었으나 점차 남서풍으로 변한 바람과 파도 때문에 물살이 거세지며 와니우라 근처의 암초에 부딪혀 대마도에 오르기도 전에 배가 파손되어 전원이 익사해 버린 것이다. 겨울 밤 찬바람 속에서의 해난사고였기 때문에 대마도 측의 구조 활동도 쉽지 않았으며, 생존자 없이 시신 몇 구만 건졌을 뿐이었다. 외교 임무를 수행하는 역관 일행들의 익사였던 만큼 대마도 측에서 전전긍긍하였고, 조선도 대마도측이 일부러 구조를 방기하거나 대마도에 오르지 못하도록 해친 것도 아니었기 때문에, 이 사고로 조선과 대마도 간의 관계가 경직되지는 않았다. 그러나 양국 간의 선린우호를 위한 공무수행 중 순직한 이들의 죽음은 가마득하게 잊혀져 갔

다. 조선이나 대마도 측에서는 그들이 죽은 지 280년 만에 이들의 순직을 기리기 위한 비석을 세웠다.

1990년 와니우라 언덕에 한국과 대마도 사람들의 성원으로 세워진 비는 그들의 익사 지점으로 추정되는 곳에 세워졌다.

(이훈 글에서)

수선사에 한일합병을 반대하다 체포되어, 대마도에 유배되어 분사한 최익현선생의 순국비가 있다.

5. 한일 의병장 최익현

구국항일투쟁의 상징인 최익현 선생이 순국한 곳이 바로 이 대마도이며 또 일본에서 장례를 치른 곳이 바로 수선사(修善寺)였기 때문에 이곳에 순국비를 세운 것이다.

의병 궐기의 요지를 보면 "우리의 궁금(宮禁)을 짓밟고 우리의 도망자를 품에 안아 기르고, 우리의 인륜도덕을 파괴하고, 우리의 의관을 찢어버리고, 우리의 국모를 사해하고, 우리의 임금의 머리를 강제로 깎고, 우리의 대관을 노예로 삼고, 우리의 민중을 어육으로 만들고, 우리의 무덤을 파고 집을 헐고, 우리의 전 국토를 점령하여 빼앗고, 우리 국민들의 목숨이 달려있는 자원은 무엇이거나 그들이 장악한 물건이 아닌가? 그것도 오히려 부족하여 갈수록 욕심을 낸다.

수선사 최익현의병장 비 앞에서 집필자들

변을 당한지 이미 여러 달이 되었으나 적을 토벌하는 자가 어찌 한 명도 없는가? 임금이 망하고 신하가 어찌 홀로 살 수 있으며, 나라가 패망하고 백성이 어찌 홀로 보전되겠는가? 불타는 대청 위에 참새와 가마솥에 든 생선은 함께 망할 뿐이니 어찌 한 바탕 싸우지 않겠는가? …… 모든 우리의 종실, 대신, 공경, 문무, 사농공상, 서리, 하인들까지도 무기를 가다듬고 마음과 힘을 한 군데로 모아서 역당을 죽이고 그 고기를 먹고 그 가죽을 깔고 자며, 원수들을 모조리 죽이고 그 씨를 없애고 그 소굴을 두들겨 부수자!"

　최익현의 군대는 일본군의 지원을 받은 전주관찰사 한진창이 이끄는 관군에 의해 진압되었다.

　구한말의 마지막 양심의 보류였던 최익현은 일본군에 의해 대마도로 끌려간 것이다. 74세의 고령의 면암은 일본군의 명령을 받아들이지 않고 적의 더러운 음식을 먹지 않아 단식으로 절명하였다.

　이즈하라 시내 슈젠지(修善寺, 수선사)로 절문을 들어서자마자 뜰 오른쪽으로 구한말 유학자 면암 최익현 선생(1833~1906)의 비가 있다. 2m정도의 높이인 순국기념비에 「대한인 최익현 순국비」라는 글자가 새겨져 있다.

구한말 위정척사의 거두였던 최익현은 1905년 체결된 '한일신협약(을사보호조약)'과 이를 허락한 '을사5적'에 대해 상소문을 대원군에게 내어 항의하는 한편, 의병을 일으켰다가 일본 관헌에 붙들려 대마도로 유배

최익현 의병장 비의 해설문

되어 박해 끝에 단식 순국한 것으로 알려져 있다. 최익현의 인격과 우국충정은 유배생활을 하던 대마도 사람들에게도 존경을 받았으며, 그의 죽음을 애도한 대마도 사람들이 슈젠지에 유해를 모시고 제사를 지냈다고 한다. 이 때문에 지금까지의 오해를 풀고 한일 우로의 한 단편을 기리기 위해 대마도와 한국의 성금으로 최익현 선생 비를 세워 추모하려고 했을 때 최익현과 인연을 맺은 슈젠지가 뽑힌 것이다.

대마도를 방문하는 한국 사람들은 으레 이 절을 찾아 최익현을 추모하는 탓인지, 이 절의 주지는 한국 사람에게 최익현의 영정을 빌려주며 법당에서의 추모와 최익현 비 앞에서의 사진 촬영에 편의를 베풀어 주고 있다.

슈젠지를 들어서 법당에는 통일신라시대의 작품으로 추정되는 금동 제품의 여래입상이 모셔져 있다. 최옹의 생각대로 강화도조약은 일본의 음모에 찬 침략의 합법화 도구가 되어 그 뒤 제물포조약에 의해 일본군이 들어오고, 뒤이어 민비시해 사건과 1905년의 을사조

약을 거쳐 드디어 1910년에는 조선이 멸망을 맞게 되었다.

선생을 비롯해 불귀의 혼이 된 그들을 기려 대마도민들은 해마다 제(祭)를 올리고 나라를 위해 가신 그 뜻에 고개 숙인다.

1962년 최익현은 건국훈장 대한미국장이 추서되었다.

6. 덕혜옹주

식민지시대 고종의 딸 덕혜옹주가 일제에 의해 대마도주와 정략결혼을 했고, 그 결혼 생활이 아주 불행했다는 것을 알고 있는 사람은 그다지 많지 않다.

하지만 덕혜옹주에 대한 정보의 부족은 일종의 터부 같은 것에서 비롯되는 것이 아닐까 생각된다.

덕혜옹주의 결혼 기념비

덕혜옹주가 불행한 삶을 살 수 밖에 없었던 이유로는 지금까지 그녀의 개인적인 성격이나 경제적인 문제에 초점이 모아져 있었다. 그녀에 대해 알려진 이야기는 대충 이렇다.

덕혜옹주는 고종과 복령당(福寧當) 양귀인(梁貴人)과의 사이에서 태어난 고명딸로, 10대의 어린나이에 일제에 의해 일본으로 유학가 교육을 받았다. 그러나 어린 소녀는 모국과 어머니에 대한 그리움, 외로움을 감당하기가 어려웠다. 침울하고 어두운 처녀로 성장한 덕혜옹주가 당시 경제적으로 곤란을 겪고 있던 대마도의 소로 타케유

덕혜옹주의 비 해설문

키 백작과 결혼했으나, 옹주의 지참금을 노린 대마도주와의 애정 없는 결혼생활은 남편의 냉대, 몰락한 나라의 왕녀에 대한 섬사람들의 무시, 둘 사이에서 태어난 딸아이의 죽음으로 불행했었다. 딸이 죽은 후에는 덕혜옹주의 우울증이 더욱 심해져 병원에 거의 감금되다시피 했다가 결국은 이혼 후 귀국하여 창덕궁 낙선재에서 혼자 생활하다 쓸쓸히 죽어갔다는 것이다.

7. 이즈하라의 박물관

 이즈하라에는 꼭 보아야할 현립 역사민속자료관과 '이즈하라마찌(嚴原町, 엄원정) 자료관'이 있다. 이곳은 1976년에 세웠는데, 이 자료관을 대마도에 세운 까닭은 대마도가 고고학상 아주 귀중한 자료와 진기한 민속자료를 많이 소장하고 있을 뿐만 아니라, 전국에서도 아주 희귀하다고 일컬어지는 종가문고(宗家文庫)의 방대한 사료(사료 : 한일 관계 자료가 많이 포함돼 있다) 때문이다.
 도심지로부터 '가라몽'(高麗門)이 조금 경사진 오른 편 길 위로 보인다. '사지끼바라'성에는 일본의 일반적인 성과 3가지 다른 점이 있다. 첫째는 천수각(天守閣 : 주변을 두루 살필 수 있게 높여 전시

이즈하라의 자료관 안내표시

에 성주가 지휘를 하는 망루 겸 평상시에는 성주가 정무를 처리하는 제일 높은 건물)이 없다는 것. 둘째는 항구에서 '사지끼바라'성까지 대로를 일직선으로 조성했는데, 이것은 방어위주의 축성원칙에 크게 벗어나는 점이다. 마지막으로 '가라몽'이라는 이름의 문이 성안에 제삼문(第三門)으로 있었다는 것이다. 이런 점들로 미루어 볼 때 이 성은 전투를 위한 성으로 축성되었다기보다는 조선과의 선린외교를 영위해 나가는 데 필요한 영빈적 목적이 더 컸던 덕으로 생각된다.

'가라몽'에 이르면 반갑게도 「조선통신사의 비」라는 아주 키도 훤칠하고 환한 대리석의 비석 하나가 서 있고, 바로 그 안쪽에 이층짜리 자료관이 있다. 현립자료관에 들어서면 조선통신사 행열회권(朝鮮通信使 行列繪卷)이 있다.

정사(正使)가 타고 있는 것은 앞에 네 사람과 뒤에 네 사람이 맨 팔인교(八人轎)다. 지붕이 얹혀져 있어 언뜻 보기에는 임금이 타는 연(輦)과 같고, 앞과 좌우의 문을 마치 나르는 황새 마냥 활짝 걷어 올리고 정사의 좌우로 갓을 쓴 조선의 관인들이 두 사람씩 따르고 있다. 그리고 이를 호위하는 왜인의 무사들이 전후좌우로 딸려 있어 그 위풍이 매우 위엄 있고 당당하다. 이 현립자료관 2층은 전시실이 아니고 '소우게'(宗家) 문고사료보관소(文庫史料保管所) 이다.

특별히 이 분야를 연구하시는 허가된 분외에는 출입하실 수가 없다고 한다.

8. 대마도해협 조난자 추도비

120년 전까지만 해도 동·남해상에서 바람이나 태풍, 또는 해류에 잘못 휘말려 일본에 표착한 조선인은 그곳이 어디이건 대마도를 통해 조선으로 돌아올 수 있었다. 물론 조선에

조선역관사비.
에도시대 선린우호의 시기에 조난당한 112명의 추도비

표착한 일본인들도 일본으로 귀국할 수 있었으며, 이는 조선정부와 토쿠가와 막부간에 우호가 있었기 때문에 가능한 일이었다. 그러나 메이지 정부 수립 이후에는 표류민의 송환방법이 달라져 표류민들을 무상으로 송환하는 관행은 사라지게 되었다.

대마도 해변가에는 한국 상표가 인쇄된 라면 봉지, 또는 콜라 병 등 각종의 한국 쓰레기가 해류나 바람을 타고 떠내려 온다. 그 속에는 한국인으로 확인되는 시체도 있으며 일 년에 1~2구는 된다고 한다. 이들은 항해 중 표류하다가 익사한 것인지, 또는 살해되어 버려진 것이지는 몰라도 대마도 해변까지 표류하여 오는 동안 부식되어 형체를 알아볼 수 없는 것이 대부분이다. 옷 속에 신분증이 들어있는 경우는 곧 신원을 확인할 수 있지만 그렇지 않은 경우에는 옷에

붙어 있는 상표가 이들의 신원을 확인 할 수 있는 유일한 단서이다. 조선과 토쿠가와 막부간에 선린우호가 이루어졌을 때라면 이들은 대마도가 시체를 정중히 관에 넣어 조선으로 송환했을 터이지만 21세기 현재는 신원을 확인했다 해도 시체를 되돌려 줄 수 있는 방법이 없다. 시체를 찾아가려는 사람도 없으며, 절차 및 비용도 문제이다. 대마도는 대한해협에서 조난사고를 당한 이들의 영을 위로하기 위해 1992년 11월 '쯔시마햐협조난자추도비(對馬海峽遭難者追悼之碑)' 라는 위령비를 미네쵸에 세웠다.

(이훈 글에서)

9. 서산사(西山寺, 세이산지)

서산사는 옛날부터 우리 통신사가 머물던 곳이었다. 입구에는 '학익산 서산선사(鶴翼山西山禪寺)'라고 새긴 돌표시가 서 있고, 옛 선현들의 구국의 일념이 보인다. 그런데 산문(山門)에는 서산사라는 명칭 대신 유스호스텔이라는 표지판이 붙어있다.

또 한때는 이곳을 이떼이안(以酊庵)이라고 했으니, 이곳에 1719년 대쪽같은 통신사 신유한(申維翰)의 혼이 서려 있다. 옛날의 모습은 없지만 돌축대와 산문만은 그대로인데, 지금의 것은 그 뒤에 세운 것이란다.

본당에 오르면 겐소(玄蘇)의 목상(木像)이 한 시대를 상징한다. 겐소는 조·일 양국의 틈바구니에서 파란만장한 생애를 보낸 사람이다.

그는 대마도의 외교승(僧)으로 초청되어 1580년에는 일본국 왕사

(王使)로 서울에 온 적이 있고, 1589년 6월에는 소서행장(小西行長 : 고니시 유키나가)과 종의지(宗義智 : 소우 요시토시)가 만들어 낸 가짜 일본국 왕사 노릇을 하였다. 그는 학문에 뛰어난 승려로 하카타(博多)의 성복사 주지로도 있었다. 그때 도요토미 히데요시가 일본을 통일하고 일본의 왕이 되었다는 것을 알리고 답례의 통신사 파견을 요청하였다. 그 내용인즉, "조선 국왕을 내 앞으로 불러내어라."고 명령한 교서를 바꿔치기 하였는데, 이는 소서행장과 종의지의 큰 도박이었다.

기록에 보면 도요토미 히데요시의 학문이 천박한 것을 이용하여 이 사람들은 여러 모로 전쟁을 방지하기 위한 묘안을 짰다. 소서행장은 무의미한 전쟁으로 피를 흘려서는 안 되는 신념을 가지고 있었다. 소서행장은 고민 끝에 조선국왕과 히데요시 양쪽 모두를 속이기로 하고 '겐소'를 일본국왕사로 꾸미며 '요시토시(義智, 의지)를 부사(副詞)로 동행시켰다. 그리하여 결국 조선통신사(정사 황윤길, 부사 김성일)을 오게 하는 데 성공하였다. 히데요시와의 접견에서 조선국왕이 보낸 국서에는 "일본 통일을 축하하고, 양국이 믿음으로써 화해하며 친목을 다져나가 우호관계가 돈독하기를 바란다." 는 답례의 내용이 담겨 있었다.

그러나 히데요시는 결국 조선침략의 길에 올랐고, 조선의 실정에 밝은 소서행장이 제1군단의 사령관이 되어 총 15만 8천여 명의 대군을 이끌고 침략의 선봉에 섰다. 일본의 침략전쟁은 2년 만에 패퇴하였고, 그 후 겐소와 도주 종의지는 조선과의 국교수립을 위해 동분서주하였다.

드디어 겐소는 1607년에 회답 겸 쇄환사와 동행하여 에도까지 올라가 국교회복이라는 큰일을 해내었고, 이어 1609년에는 부산에 건너가 무역에 관한 을유조약(乙酉條約)을 체결케 하였다.

겐소는 일본열도의 유수한 사찰에서 모시겠다는 것을 모두 뿌리치고 대마도에 체류하면서, 1611년 조선외교의 실무를 담당하는 건물의 명칭을 이떼이안(以酊庵)이라 손수 지어 붙이고 75살에 숨을 거두었다.

10. 박제상 공 순국비

『삼국사기』 권제45의 열전 제5편에 실린 박제상편을 보면 「서기 402년에 신라는 왜국과 강화를 하였는데, 내물왕의 아들 미사흔을 볼모(당시의 사신적 관행)로 청하였다. 왕은 아들을 거절하지 않고 보냈다. 또 왕 11년에는 미사흔의 형 복호(卜好)를 고구려가 볼모로 삼고자 하므로 대왕은 또 그를 보냈다.

눌지왕이 즉위하자 지혜 있는 신하들에게 "나의 아들 두 사람이 왜와 고구려에 볼로로 잡혀갔다. 형제가 살

박재상 순국비(朴宰相殉國碑)

신라의 내물왕은 왜국과의 통교를 위해 아들을 인질로 보내기로 하고 지모가 뛰어난 박제상을 딸려 보낸다. 왕자 일행이 쓰시마의 사비노우미노미나토에 이르러 정박하게 되었을 때 박제상은 왕자의 침실에 짚인형을 재우고 다른 배로 왕자를 무사히 탈출시킨다. 다음날 이 사실이 발각되어 박제상을 비롯한 사신들은 죽음을 당하게 된다. 이 비는 이국에서 나라를 위해 죽어간 이들의 넋을 기리고자 1988년 한국과 대마도의 학자, 유지가 힘을 모아 건립하였다.

아서 돌아오기를 바라는데 어찌하면 좋겠느냐? 하고 물었다. 신하들이 답하기를 "삽량(양산) 주간인 제상(提上)이 강용(剛勇)하고 지모(智謨)가 있다 하니, 전하의 근심을 풀 수 있겠습니다."라고 하였다. 마침내 박제상은 왕명을 받들어 고구려에 볼모로 잡힌 복호를 데려오는 데 성공하였다. 임금은 기뻐 위로하면서 왜에 있는 왕자를 근심하기에, 제상은 또 다시 먼 왜국으로 출발하였다. 율포(栗浦)에서 이를 바라보던 그의 아내는 남편을 기다리다 돌이 되었고, 제상은 갖은 수를 써서 왜왕을 꾀어 왕자 미사흔을 데려오는데 성공했으나, 결국 왕자만을 탈출시키고 그는 잡히어 굴하지 않고 의로운 죽음을 당하였다.」

지금 아메노다구쯔다마 신사는 해안가 평지에 있고, 그곳에는 '신라국사 박제상공 순국비'라 새긴 돌탑이 외롭게 서 있다.

그 옆 일본과 우리나라 지도 위에 박제상이 왕래한 곳을 이음줄로 표시하고 그 위에 한글과 일본어로 동판을 새겨 넣었다. 그 내용은 다음과 같다.

「동아시아 격동기였던 5세기 초경 신라는 왜와 통교관계에 있었으며, 신라에서는 친선을 위하여 내물왕의 아들 미사흔(未斯欣)을 왜에 보냈는데, 그 후 이 왕자의 귀환을 요청하러 왕사(王使) 박제상을 왜에 파견하였다. 미사흔과 신라국사 일행이 귀국 도중 대마도의 이곳 조해수문(租海水門)에서 충돌이 일어나, 지혜와 용기를 겸비한 박공은 왕자를 무사히 귀국시키고 자신은 이곳에서 순국하였다고 양국의 고사록에 보인다. 이렇듯 충절을 지킨 만고충신 박제상공의 숭고한 뜻을 기리기 위해 순국비를 세우다.」

박제상이 일본에서 순국한 장소에 대해 두 가지 설이 있다. 하나는 규슈지방이고, 또 하나는 대마도이다. 우리나라 측에서는 통신사들이 남긴 기록에 의하면, 박제상이 순국한 장소가 현재 규슈의 북부 후쿠호카현 '하카타'라고 보는 인식이 일반화되어 있다. 18세기 실학자 순암 안정복도 순국지를 규슈의 하카타로 보고 있다.

지금 대마도의 박제상 순국지는 『일본서기』에 따른 것임을 밝혀 둔다.

제6장 인용 및 참고문헌

1. 김의환, 조선통신사의 발자취, 정음문화사, 1985
2. 이원식, 조선통신사, 민음사, 1991
3. 이훈, 대마도, 역사를 따라가다, 역사공간, 2005
4. 임채청, 간도에서 대마도까지, 동아일보사, 2005

제7장 시대 별 대마도 인식

우리는 고대 대마도와 한국과의 역사 관계를 말함에 있어서 다음의 네 가지 점을 염두에 두어야 할 것이다.

첫째, 부산과 대마도는 가시적 거리로서, 대마(對馬) 상도(上島)와 부산과는 1일 생활권에 있었던 점이다.

둘째, 대마도는 산지가 많고 논이 적어, 양식은 주로 한국의 쌀에 의존하였던 점이다.

셋째, 문화가 왜보다 한국이 우위(優位)였던 점이다.

넷째, 고대 한국인이 일본열도에 이주해 간 시대적 배경이다. 2세기 경 이후, 수도농업(벼농사)의 기술을 가진 남한인이 많이 건너갔고, 5세기경부터서는 기마인이, 그리고 백제·신라·고구려의 높은 문화를 가진 사람들이 많이 건너갔다. 따라서 한반도의 삼국인은 그 발판으로서 혹은 중계지로서 대마도에 분국(分國)이나 속국이 필요했던 것이다.

1. 삼국시대

1)고서에 나타난 대마도

기록상으로 대마도가 나오는 최초의 사서(史書)는 중국의 《삼국지(三國志)》 위지(魏志) 동이전(東夷傳) 〈왜인전(倭人傳)〉이다. 3세기의 대마도 모습을 묘사하였다고 보여지는 이 기록에는 대마도가 '대마국(對馬國)'으로 표기되어 있다. 대마도 내의 사정은 간략하면서도 비교적 정확한 것 같으나 한반도와의 거리 등에 관한 기술은

틀린 부분도 있다. 《삼국사기》에는 '대마도'로 기록되어 있으며 《일본서기(日本書紀)》엔, '대마국', '대마도', '대마주(對馬洲)' 등으로 표기되어 있다. 이것으로 보아 한자의 음을 빌린 '대마(對馬)'란 이름이 중국의 《삼국지》이래로 널리 쓰여졌던 것 같다. 한편 일본의 《고사기(古事記)》에는 '진도(津島)'로 나와 있고, 《일본서기》의 〈신대(神代)〉에는 '한향지도

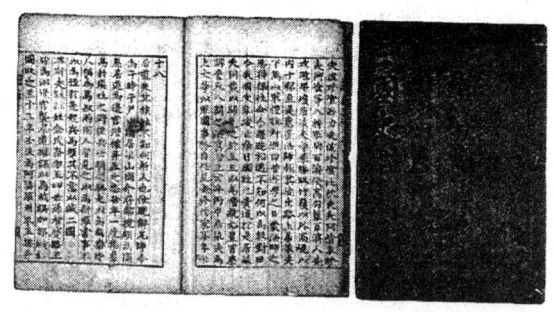

삼국사기

(韓鄕之島)'로 기술되어 있다. 이것은 대마도 이름의 뜻과 관련된 것으로서, '쓰시마[津島]'는 '한반도로 가는 배가 머무는 항구와 같은 섬'이고, '가리시마[韓鄕之島]'는 '한반도로부터 사람과 문화가 건너올 때 거쳐 온 섬', 혹은 '한국섬'이라는 의미가 강하다. 후자는 한반도와의 관련성이 더 강하게 표현된 것이지만 대마도가 **한반도와 일본**의 사이에 있으면서 교량적 역할을 한 섬이라는 데서 그 이름이 유래되었다고 볼 수 있다. 즉 대마도는 한국과 일본열도를 연결하는

징검돌 역할을 한 섬으로 이 섬은 한국과 서로 바라다 볼 수 있는 가까운 거리에 있어, 삼국(三國)·삼국시대(三國時代)부터 고대 한국인들이 많이 건너가서, 큰 포(浦)마다 수장이 되어 읍락국(邑落國)을 형성하였던 것이니, 오늘날 그곳에 그러한 지명이 많이 남아 있다. 이 섬은 산지가 많고 또 험하여 육로로서는 내왕이 불편하여, 큰 포마다 독자적인 읍락국이 발달하였다. 대마도의 십향(十鄕)이니, 팔군(八郡)이니, 「분치십국(分治十國)」이니, 「임나십국(任那十國)」이니 하는 것은 이를 두고 하는 말이다.

일본 사가(史家)들이 임나국을 낙동강 유역에 있었다고 하는 것은, 지명에 대한 지식의 부족과, 한국 지배에 대한 목적의식이 앞섰기 때문이다.

이병선의 연구에 의하면 임나국은 대마도에 있었다. 그리고 『서기(書紀)』 조공(朝貢)기사에 임나와 함께 나타나는 신라·백제·고려도 대마도에 있었던 읍락명으로 보아야 한다.

『한단고기』에 '고대부터 구주(仇州, 九州)와 대마도는 곧 삼국이 분치(分治)한 곳이라'함은 이를 뒷받침하는 것이다. 삼국시대에 들어와서는 신라·백제·고구려 사람들이 읍락국을 이루어 집단적으로 살았다. 『한단고기』에는 '임나는 삼가라로 나뉘었으니 <중략>, 좌호가라는 신라에 속하고, 인위가라(仁位加羅)는 고구려에 속하고, 계지가라(鷄智加羅)는 백제에 속하게 되었다'는 기록이 있다. 그리고 같은 책에서 '영락 10년(400)에 모두 우리(고구려)에 귀속하게 되었는데, 이 이후로 해륙(海陸)의 여러 왜가 삼가라에 통어(統禦)되어 십국으로 분치(分治)하였다'라고 하였다. 이는 광개토왕이 보기 5만으로 신라를 도와서 왜를 뒤쫓아 임나가라에 이르렀다는 광개토왕의 비문이 뒷받침한다.

『한단고기』에서 광개토왕이 대마도를 정벌하여 이를 십국으로 나누어 통치하고, 또 고구려가 직할하였다고 하였다. 이를 보아서, 고대 대마도는 한국의 속도(屬島)였다고 할 수 있다.
　13세기 말 《진대(塵袋)》2권에 의하면 무릇 대마도는 옛날에는 신라국과 같은 곳이었다. 사람의 모습도 그곳에서 나는 토산물도 있는 것은 모두 신라와 다름이 없다. 즉 인종적으로나 문화적인 면에서 동일함을 강조하고 있다.
　이병선의 연구에 의하면 그 가운데서도 신라의 읍락국가(邑落國家)가 가장 강성하여 8세기까지 대마도를 지배하였다고 한다. 따라서 대마도가 완전히 일본영유로 들어간 것은 8세기 이후의 일이라고 보고 있다.
　또한 우리의 고전인《증보동국문헌비고(增補東國文獻備考)》에서는 "호공이 대마도 인으로서 신라에 벼슬하였으니, 당시 대마도가 우리 땅이었음을 알 수 있으나 어느 시기에 저들의 땅이 되었는지 알 수 없다."고 논평하였다.
　『서기』에 「백제국(百濟國)」이 보이고, 흠명기(欽明記)에 「배제군(郡)」이 보이는데, 이는 그 기사 내용으로 보아서 대마도는 백제로 보아야 하며, 이는 한반도 백제의 속국으로 보아야 한다.
　이상의 자료로 미루어 볼 때 고대로부터 대마도가 신라를 비롯한 삼국의 지배하에 있었거나 최소한 신라의 영향권 안에 있었음을 알 수 있다.
　이러한 대마도가 언제, 어쩌다가 일본의 영유가 되었을까 하는 생각은 누구나 한 번쯤은 생각해본 일일 것이다. 그러나 『삼국사기』에서는 이에 대해 전혀 기록된 바 없다. 『삼국사기』의 편찬자인 김부식(1075~1152)의 생존 당시는 대마도가 이미 일본에 속해 있었으므로, 4~6세기경의 임나에 관한 것이나, 7세기 말 내지 8세기 초경까지, 이 섬에 있었던 신라·백제·고구려 등 읍락국에 관한 기록을 빠뜨린 것이다. 한반도인에 의해 세워진 이러한 읍락국들이 멸망한지 오래 되어서(약 450년 이상), 이에 대한 것을 기록하지 않았던 것이다. 이에 비해 『한단고기』는 『삼국사기』 이후의 것이기는 하나, 대마도에 임나(任那)가 있었다 하였고, 또 이 섬의 좌호(佐護, 사고)·인위(仁位, 니이)·계지(鷄智, 게찌)에 각각 신라·고구려·백제가 있었다고 기록하였다. 우리는 이 기록을 소중히 알아야 할 것이다.

이상에서 논한 바로써 『서기』 조공기사 등에 나타나는 신라·백제·고려는 대마도에 있었던 한반도 삼국의 분국 혹은 속군 이었다는 결론을 지을 수 있다.

대마섬에는 가야, 백제, 신라, 고구려 등의 분국은 물론, 임나연방이라는 통합된 국가형태(400~479년)가 존속한 것으로 보아 틀림없이 조선의 영토임이 증명된 셈이다.

대마도에 우리 민족이 텃밭을 일구고 우리와 똑같은 생활문화권 안에서 삶을 이루었다는 것은 바로 현지의 문화 유적과 생활습속이 대변하고 있다.

이 섬이 일본영토로 된 것은 섬의 지정학적 여건이 일본의 교두보로서 외교통상과 군사적 중요성 때문에 양국의 이해관계가 얽혀 있었기 때문이다. 대마도의 왜인은 도래(신석기 시대~7세기)한 삼국인들과 가야인들의 분국형태로 존재하다가, 삼한의 분국이 형성되고 그 후로 금관가야의 땅(408년 이전)을 이어 임나연정(任那聯政) 체제를 형성했다.

삼국시대의 산대마도에는 좌호가라(佐護加羅)를 중심으로 한 신라

촌과 인위(仁位)가라를 축으로 한 고려촌이 있었으며, 하도에는 계지(鷄智)가라의 임나(任那) 및 안라(安羅)를 중심으로 한 백제촌이 있었다(『한단고기』고규려 편, 임나지도 참조).

2) 한단고기 고구려 편

『한단고기』 고구려 편에 나타난 대마도 사항을 보자.
① 임나(任那)는 본래 대마도의 서북 어름에 있는 나라로, 북쪽은 바다로 막히고 국미성(國尾城)[1] 에 치소(治所)가 있었다.
② 동쪽과 서쪽에 각각 마을이 있어서 조공하기도 하고 배반하기도 하여, 그 후 대마 두 섬(상도·하도)이 드디어 임나에 지배되었으므로 그때부터 임나를 대마라고 일컬었다.
③ 예로부터 구주와 대마는 곧 삼한[2]에서 나누어 다스린 땅으로 본래 왜인이 대대로 사는 지역이 아니었으며, 임나가 또 나뉘어 삼가라[3]가 되었는데, 소위 가라라 함은 그 지방에서 중심되는 마을을 일컬음이었다.
④ 이때부터 이곳 삼한이 서로 다투어 오래도록 화해하지 않았는데, 좌호가라는 신라에 속하고, 인위가라는 고구려, 계지가라는 백제에 속하였다 함이 이것이다.
⑤ 영락(광개토대왕) 10년에 세가라는 모두 고구려에 귀속되어 이로부터 바다와 육지의 모든 왜가 임나(대마도에 치소(治所)를 둠)에 통합되어 열 나라로 나누어 다스리니, 이름 하여 연정이라 하였다.
⑥ 그러나 고구려에 직할되어 열제의 명령 없이는 제멋대로 생활할 수 없었다.
⑦ 영락대제는 군사를 이끌고 도일하여 왜인을 평정하고 임금이

되었는데, 스스로 삼신[4)]의 부명에 응한다고 하고, 여러 신하들로 하여금 축하의식을 올리게 하였다.

일본이 신주처럼 모시는 《광개토대왕비문》에도 A.D. 400년에 왕은 대마도를 점령한 후 이어서 대화왜(大和倭)·구주왜 등을 토벌하고 10여 개국으로 구성된 연정을 설치하여 그 치소(治所)를 대마도에 두었다고 밝히고 있는데, 이 임나연정을 중심축으로 하여 대마도·일본열도를 군사적으로 통제하게 된 것이다. 임나연정 시기에는 기내의 야마토는 물론 구주, 기비왜 등이 모두 임나연정에 복속하였다(이병선의 『임나 대마도』,《광개토대왕비문》,『한단고기』).

3) 태백일사 고구려 본기

『한단고기』 제4장 태백일사 고구려 존기에는 대마도·일기도·축자국·이도국·말로국 등과, 고구려 본기에 우리의 이주민 집단이 대대적으로 일본에 도래하여 분국을 세우고 그곳의 왕이 되어 통치한 내용들이 소상하게 적혀있다.

이들 내용에서 알 수 있는 요소를 다음과 같이 요약할 수 있다.

첫째, 『일본서기』 숭신 65년 가을 7월조에 임나(대마도)의 지명과 위치를 선정하는 내용과 일치한다. 임나는 지금의 대마도, 일기도(一岐島)및 그 주변 도서 내의 10여 개국으로 이루어진 섬이다.

축자는 오늘날의 하카타 지방(博多 : 후쿠오카)이요, 축자에서 2천여 리 떨어진 곳은 바로 대마도였으니, 대마도에서 축자국의 거리를 2천 리로 한 것은 고대사 지리상의 상식이다.

대마도는 한반도의 남해안에서 떨어져 있으며, 임나가라는 이러한 대마도를 중심한 일기도와 그 주변에 산재된 10개의 소도서국(小島嶼國) 으로 구성된 연방체였다. 대마도(임나국)와 그 부서에 있었던

10국의 명칭은 가라국(加羅國), 안라국(安羅國), 사이기국(斯二岐國), 다라국(多羅國), 졸마국(卒麻國), 고차국(古嵯國), 자타국(子他國), 산반하국(散半下國), 걸손국(乞湌國), 임례국(稔禮國) 등이다(『일본서기』 흠명 23년 춘정월기).

　대마도를 비롯한 일기국, 말로국, 축자국 등은 바로 가라, 백제, 신라, 고구려 유민들이 세운 나라임이 입증된다. 그곳이 풍토기와 무덤형식 및 각종 부장품과 토속적인 한국전통 등으로 예부터 한향지도(韓鄕之島 : 한국의 섬)라 불렸다.

　둘째, 대마도의 상상도(신라촌), 상하도(고려촌), 하상도(임나), 하하도(백제촌) 등에는 중심부의 고을이 있고 그 주변에 같은 계통의 군소마을이 있었다(임나지도). 그 후 대마 두 섬은 임나에 지배되어 섬 전체가 임나국으로 형성되었다는 것을 『일본서기』는 밝혔다.

　셋째, 삼한(三汗)은 분국으로, 본국의 삼한에서 파생되어 도래인들이 고국의 명칭을 그대로 본 딴 것이다. 대마도 지형의 모든 명칭이 그렇고, 일본의 지형 명칭과 분국 역시 한지(韓地)의 이름을 그대로 이식시켰다(고마, 시라기, 구마라, 아라, 가라 등등).

　넷째, 영락제(10년)가 대마도 왜를 소탕한 것은 백제와 대마왜가 연맹하여 고구려 변방을 침략했고, 신라 내물왕의 구원요청으로 5만명의 막강한 병력을 보내어 그들을 격파하였으며, 고구려 선단은 대마도를 정벌하여 임나연정을 수립했다(479년까지 존속)는 것이다. 또한 일본 본토를 토벌하여 복속을 받았다는 기사와 임나에 관한 광개토대왕의 비문에 그 내용이 선명하게 적혀 있다. 여기서는 그 개요만 소개한다.

　「백제와 신라는 고구려의 속민으로 조공을 바쳐왔다. 신묘년(451년)에 고구려는 바다를 건너 일본을 파하고 항복을 받았으며, 백제·신라인을 속민으로 삼았다.」

(김화홍 글에서)

4) 한단고기

한문으로는 '환단(桓檀)'을 쓰지만 우리의 근원이 천신족이고 하나의 혈통으로 이어져 왔기에 한단이라 표기한다. 한단은 환인, 환웅, 단군왕조를 총칭하여 부른 이름이다.

『한단고기』는 1911년 국운이 암울한 때 운초(雲樵) 계연수(桂延壽) 선생이 한 권의 책으로 묶은 것으로 신라의 안함로(安舍老) 선생이 쓴 『삼성기(三聖記)』와 고려 공민왕 때 원동중(元董仲)의 『삼성기』, 고려 말 이암(李嵒)의 『단군세기(檀君世紀)』, 조선 숙종 때의 『규원사화』 및 중종 때 찬수관으로 있었던 이맥(李陌) 선생의 『태백일사(太白逸史)』, 고려 공민왕 때 범장(范樟)의 저서 『북부여기』 등이 종합되어 있다. 이들 책은 『삼국사기』, 『삼국유사』, 『조선왕조실록』에서도 확인할 수 있으며, 한단의 시대가 신화와 전설로 얽힌 내용이 아니라 그 시대가 실존했다는 것을 입증하는 중요한 사서이다.

『한단고기』는 우리 역사가 반도사관에 정착된 것이 아니라, 마한·변한·진한·낙랑·대방들은 만주와 북중국, 나아가 양쯔강 이남지방까지 확대되었음을 생생한 기록으로 전하는 데 그 중요성이 있다.

지금 우리 사학계는 어두운 모화사상에 근거한 식민사관과 소국사관 등이 그대로 남아 있는데다가, 왜곡·가장된 중국과 일본사서들도 우리 역사를 옹졸하게 만들고 있는 것이 현실이다. 한민족(韓民族)은 중국대륙의 석권은 물론 우리 민족인 동이(東夷)·구이(九

夷)·이적(夷狄) 등이 중국을 세운 원조이도, 내몽고와 시베리아 일대에도 분포했으며, 게르만 민족을 이동시켜 로마를 멸망시킨 훈족 그것도 바로 우리 조상들이다. 뿐만 아니라 베링 해를 건너 알래스카와 중남미의 잉카제국을 건설하여 6·7세기 마야, 아즈텍, 잉카문화를 남긴 사람들이 우리의 원조이다.

　타성에 젖은 일부 학자들은 본서가 앞부분의 환인, 환웅, 단군임금의 수명이 길다 하고, 관찬이 아닌(『태백일사』는 관찬서임) 개인적 저서라 하여 도외시 하고 있지만, 객관적 견해로는 매우 타당도가 높은 실증적 고서임에 틀림없다. 어느 국가, 어느 민족 치고 그들의 근원을 신화로 엮어내지 않는 나라가 있었던가. 그러한 나라들에 비교하면 본 책은 미궁에 빠진 우리나라 고대사를 정립하는 데 가치가 높기 때문에, 이를 근거로 하여 우리 역사를 바로잡는데 타산지석이 될 줄 안다.

　(김화황 글에서)

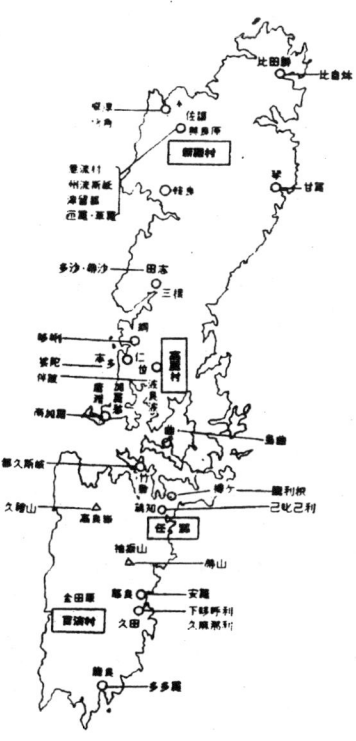

▶ 대마도·신라·고려·백제의
　삼읍락(三邑落)과 임나지명 비교
　(김화홍, 대마도도 한국 땅, P87에서)

제7장 1. 삼국시대 인용 및 참고문헌

<주>

1) 국미는 하대마도에 소재한 木坂(즉 계지가라)을 의미함. 구지명은 목판, 신지명은 계지(임나가라가 있었던 곳)라 했다.
2) 대마도에 있었던 삼한의 분국설을 가리킨다. 이것은 한반도 내의 삼한과 구분하기 위해서 삼한(三汗)으로 표기한 것으로 바로 삼가라를 말한다.
3) 삼가라(三加羅) : 좌호가라(佐護加羅)는 신라에 속하고, 인위가라(仁位加羅)는 고구려에 속하며, 계지가라(鶏智加羅)는 백제에 속함.
4) 삼신 : 환인, 환웅, 단군. 『한단고기』 P542

1. 김화홍, 대마도도 한국 땅, 지와 사랑, 1999
2. 민덕기, 임진왜란 이후의 조일 간화 교섭과 대마도, 한국 사학회, 1984
3. 손승철, 조선시대 한일관계사 연구, 지성의 샘, 1994
4. 손승철, 대마도의 조·일 양속관계(독도와 대마도), 지성의 샘, 2005
5. 이병선, 대마도의 신라 읍락국, 일본학지 10집, 1990
6. 이병선, 대마도는 한국의 속도였다, 이회문화사, 2005
7. 이현종, 고려 후기의 왜적, 현음사, 1994
8. 이현종, 고려와 일본과의 관계, 동양학 학술회의 강연초, 단국대, 1976
9. 인재환, 대마도 우리역사 답사기, 한림출판사, 1998
10. 임채청, 간도에서 대마도까지, 동아일보사, 2005
11. 차종환 외, 독도는 우리 땅인가(근간)
12. 차종환 외, 독도 영유권 논쟁과 대책(근간)
13. 하우봉, 조선 후기 실학자의 일본관 연구, 일지사, 1989
14. 하우봉, 조선 초기 대일행사원의 일본인식, 국사편찬위원회, 1990
15. 한일관계사 연구회, 독도와 대마도, 지성의 샘, 2005

2. 고려시대

1) 대마도 인식

8세기 말 통일신라와 일본의 국교가 단절된 이래 고려시대에 들어서도 양국의 관계가 정상화되지 않아 양국 간의 공식적인 교류가 거의 없었다. 그러나 중앙정부 사이의 사절 왕래는 없었지만 상인들에 의한 교역과 표류민 송환과 같은 민간교류는 유지되었다. 이와 같은 교류는 고려 중기 문종대(1047~1082)에 들어서 활발해졌는데, 특히 대마도에 의한 표류민 송환과 토산물 진헌이 가장 많았다.

11세기 후반 문종대 이래 대마도와 일본 서국 지역의 호족들 간에 이루어진 교역이 12세기 후반에 이르러서는 진봉선무역(進奉船貿易)으로 정례화 되었다. 사료에 의하면 고려사 공민왕 17년(1368)에, 즉 고려 말 공민왕대에 대마도만호가 사자(使者)를 보내고 조공을 하였다는 기사가 있다. 이 시기에는 대마도주가 아비류 씨에서 종씨(宗氏) 일족으로 바뀌었는데 위 사료의 '대마도만호 숭종경(崇宗慶)'은 대마도주 종경무(宗經茂)를 가리킨다.[1] 이 기사를 통해 대마도주가 고려 정부로부터 만호(萬戶)라는 관직을 받았음을 알 수 있다. 대마도만호란 직책은 물론 왜구 금압을 위한 대가로 경제적 보상과 함께 주었을 것이다.[2] 만일 그렇다면 대마도주의 '수직왜인화(受職倭人化)'가 고려시대에 이미 이루어졌음을 의미한다.

현재 이 섬에는 고려불·고려대장경·고려정(鉦)·고려문 등의 유물과 유적들이 많이 남아 있다. 또 1246년에 도주(島主) 종씨의 조상인 유종중상(惟宗重尙)이 200기(騎)를 이끌고 이 섬에 상륙하여 아비류(阿比留, 아하루) 재청을 친 것도, 당시 도도주격인 아비류씨가 왜보다 고려에 더 친밀한 관계를 맺어왔고, 또 이로써 무역으로 많

- 105 -

은 이득을 얻었기 때문으로 본다. 지금도 대마도에서는 고려불을 가운데 안치하고 왜불을 그 옆에 앉힌다고 한다.

《고려사》에 의하면 고려는 선종 2년(1085) 이래 대마도주를 '대마도구당관(對馬島勾當官)'으로 불렀다고 하는데 이 점이 시사 하는 바는 상당히 흥미롭다. 이와 비슷한 사례로는 제주도의 성주(星主)를 '탐라구당사(耽羅勾當使)'로 명명하였다. 구당관은 고려시대 변방 지역 내지 수상 교통의 요충지를 관장하는 행정 책임자들에게 붙인 관직명이다. 이를 보면 탐라, 대마도의 지배자에게 고려가 구당사 혹은 구당관이란 명칭을 쓴 의미를 알 수 있다. 즉 앞의 섬을 고려의 속령(屬領)으로 인식하였거나, 아니면 고려 정부가 대마도와 제주도를 고려 고유의 지배 질서 속에서 같은 차원으로 취급

고려문

하고 있었음을 보여 주는 것이다.[3]

또 고려 말 공민왕대에는 대마도주가 만호라는 고려의 무관직을 양국 간에 국교가 없었는데도 불구하고 주었고, 대마도가 진봉선무역이라는 형태로 고려와 통교하였다는 사실, 그리고 도주가 고려로부터 관직을 받았다는 것은 대마도의 반독립성을 의미한다고 볼 수 있다. 이러한 사실로 볼 때 고려는 대마도를 속령 내지 속주로 인식하였을 가능성이 충분하다.

일본 천태종의 승려인 현진(顯眞)의 저서 『산가요략기(山家要略記)』에서는 "대마도는 고려의 목(牧)이다"라고 했으며, 고려에서 만호(萬戶)라는 지방관을 파견하여 다스리던 고려의 부속도소임을 밝혀둔다.

또한 대마도는 조선국민의 의식 속에 이 땅은 우리의 고유영토라는 '대마고토의식(對馬故土意識)'과 대마도는 고려정부에서 파견한 만호가 다스렸다는 '고려속주의식(高麗屬州意識)'(조선 세종 이후엔 동래의 부속섬)이 고려시대의 일관된 역사적 사실이었다.

2) 고려와 대마도의 외교관계

통상적으로 고려시대의 일본과의 관계는 삼국시대의 정상적인 통교보다는 그렇지 못할 때가 많았다고 볼 수 있다. 그러나 대마도 관계는 고려속주로서 계속적인 주종관계를 맺어왔고, 진봉선의 조공무역에 대하여 하사품을 내려 그들의 핏줄을 이어왔다.

고려 후기 러·일이 협력적이기보다는 항시 일본 측의 일방적 행위가 많았던 관계로 제한적인 태도와 거절의 태도를 취하였으므로, 따라서 조선은 일본과의 정치적 관계가 침체되어 진봉형식의 통상이 겨우 두 나라의 창구 역할을 하는 정도였다.

고려는 왜구방어의 필요성에서, 또 일본은 어려운 경제난을 타개하기 위하여 정치적 관계를 맺게 되니, 공민왕 15년(1366년)에는 금구교섭사(禁寇交涉使)를 무로마치(室町) 막부에 파견하고, 막부는 보빙사(報聘使)를 보내와 단절되었던 려·원이 새 출발을 하게 되었다.

3) 고려와 대마도의 무역관계

고려의 경제적 기반은 농업에 있었으며 무역에는 관심이 적었다. 고려는 끊임없는 왜침(10~11세기 거란 침입, 12세기 여진 침입, 13세기 몽고 침입, 14세기 왜구·홍건적 침입)속에 있었기에, 무역은 선진 중국의 문물을 수입하여 이것을 매체로 평화관계를 유지하려고 하였다.

고려는 태조 왕건의 3대 정책인 민족융합, 숭불, 북진정책을 계승하여 발해유민은 물론 대마도민의 포용정책이 지속되었음은 주지의 사실이다.

이와 같이 고려의 정치·경제적인 상황 속에서 당시 일본은 문화적으로 미개했을 뿐만 아니라, 생필품과 특히 식량의 부족으로 생존상 필연적으로 무역을 해야만 하였다. 대마도도 마찬가지의 입장에 처해 이었다.

당시 일본 경제는 왜구들의 침략을 통한 자급자족의 경제활동이 행해지고 있었다. 그러나 이러한 제한적인 활동으로서는 일본의 경제적 모순을 해결할 수 없었기에, 1380년 후반기에 들어서 양국의 정세가 호전되자 막부를 비롯한 호족들은 고려와 통상관계의 개선만이 자신들의 경제적 모순을 해결할 수 있는 유일한 방법으로 생각하여 사적 통상이라는 무역형태가 나타나기 시작했다.

고려에서는 왜구에게 잡혀간 양민의 송환을 강력히 요구하게 되었고, 이러한 요구에 응해온 일본의 지배계급인 호족들에 의해 극히 제한된 무역의 창구를 통하여 사무역이 행해졌다.

13세기 이후 몽고와의 거센 전쟁 속에 휘말린 고려로서는 원거리에 있는 울릉도 및 대마도의 통치에 소홀했고, 몽고는 제주도와 대마도 등지에 목마장을 설치할 정도였으니, 이때를 이용한 일본은 왜구들을 침투시켜 노략질을 멋대로 자행했던 것이다. 어떤 때는 조선은 공도화 정책을 썼다. 공도화 그 자체는 영토 포기가 아니라 일시적 상황변동에 대처하는 국가의 지속적 정책의 일환이었다.

특히 대마도는 무역 및 왜구의 거점이 되었으니, 살기 위해 시류에 편승한 종씨(宗氏), 일가와 조전씨(早田氏), 일기도의 지좌(志佐), 좌지씨(佐志氏), 송포당(松浦黨)의 제영주(諸領主), 남구주의 도진(島津), 이집원씨(伊集院氏), 중국 지방의 소조천씨(小早川氏) 등의 지배자와 호족에 한하여 사무역을 허락했다.

4) 박위의 쓰시마정벌

가락국 6대 좌지왕(坐知王)때 대마도에 거점을 둔 고구려의 임나연정 왜에 의하여 대마도를 잃었다고 했다(408). 그 후에 일본은 대마도를 통하여 우리의 변방을 침입하여 갖은 만행을 자행해 왔다.

기록에 의하면 삼국시대부터 우리 해변은 물론 내륙지방까지 깊숙이 침탈해 오던 왜구가 고려 말(14세기)에 이르러 더욱 극심하여, 민생은 도탄에 빠지고, 수많은 민초(民草)들이 그들의 칼 앞에 죽어갔으며, 또한 많은 사람들이 그들의 노역자로 잡혀갔다.

이런 차제에 고려정부에서는 일본과의 공식적인 교섭을 몇 차례 가졌으나, 봉건영주들의 권한이 확대된 중앙정부로서는 별 효과를 거두지 못하였다.

공민왕 15년(1366년)에 왜구가 개경까지 침략하여 성내를 소란케 하였을 때 조정에서는 김일을 일본에 보내어 왜구침탈을 금지해 줄 것을 요구하였다. 이때 일본정부는 남·북조의 분립과 번(藩)의 내란 등으로 분쟁이 그치지 아니하였으므로 우리 사절단은 성과를 거두지 못했다.

그런가 하면 1368년 5월에는 일본에서 보낸 등경관이라는 무사두목이 왜구를 직접 이끌고 쳐들어와 해안지방의 주민학살은 물론 경기, 충청도 지방까지 약탈하였다. 게다가 우왕 2년(1375년)에는 강화도까지 올라와 전선 수척을 불 지르고 양민을 대략 학살하며 재물을 약탈하더니, 서울에까지 쳐들어왔다.

고려 정부에서는 드디어 반격으로 나서 원수 나세와 최무선 등이 함선을 이끌고 화통과 화포 등으로 진포(금강 입구) 등지에 참입한 왜선 500척을 격파했다(이때 최무선의 화포가 처음 사용되었다).

이때 왜적은 진포의 참패 이후에도 침략근성을 드러내어 전라, 경상도 일대에서 방화와 살육, 겁탈과 주민 나포 등을 자행하였다. 즉, 남부해안과 깊숙한 내륙지방까지 국토는 일본해적들에 의하여 무법천지가 되어갔다. 조정에서는 적극적인 소탕작전에 임하여 최영 장군과 이성계, 정지(鄭地) 등이 왜구무리를 황산에서 대파시켰다.

남해전에서도 적을 몰아가던 중, 정지의 진청에 의하여 다음 창왕 원년에 경상도 원수 박위(朴威)에 명하여 전함 백 척으로 삼국 이래 우리 민족을 괴롭히던 일본도적의 거점이 된 대마도(쓰시마)를 정벌하였다(1388).

다시 말해 대마도 정벌은 어디까지나 우리 국토를 수호하기 위한 자위적이며 극히 합법적인 정당방위의 응징이었다. 이는 일본의 도적 무리가 수천 년을 두고 우리 민족을 괴롭힌 불운의 본거지가 된 대마도를 다시 한 번 확보한 것이었으며, 일본에게 우리 땅임을 재확인시키는 역사의 실증적 자료가 된다.

제7장 2. 고려시대 인용 및 참고문헌
<주>
1) 종씨가보 등에 나와 있는 수호의 계승에 관한 내용이 반드시 역사적 사실과 일치하지 않음은 알려진 바다. 종경무는 종씨가보 중 5대로 나와 있지만 종씨로서는 최초로 대마도의 수호대가 된 인물이다. 시기는 14세기 중반이다.
2) 만호란, 고려에서 생긴 관직명이다.
3) 고려적 고유질서의 의미와 성격에 대해서는 조선사연구회 논문집 16, 1979 참조

1. 김화홍, 대마도도 한국 땅, 지와 사랑, 1999
2. 민덕기, 임진왜란 이후의 조일 간화 교섭과 대마도, 한국 사학회, 1984
3. 손승철, 조선시대 한일관계사 연구, 지성의 샘, 1994
4. 손승철, 대마도의 조·일 양속관계(독도와 대마도), 지성의 샘, 2005
5. 이병선, 대마도는 한국의 속도였다, 이회문화사, 2005
6. 이현종, 고려 후기의 왜적, 현음사, 1994
7. 이현종, 고려와 일본과의 관계, 동양학 학술회의 강연초, 단국대, 1976
8. 인재환, 대마도 우리역사 답사기, 한림출판사, 1998
9. 임채청, 간도에서 대마도까지, 동아일보사, 2005
10. 차종환 외, 독도는 우리 땅인가(근간)
11. 차종환 외, 독도 영유권 논쟁과 대책(근간)
12. 하우봉, 조선 후기 실학자의 일본관 연구, 일지사, 1989
13. 하우봉, 조선 초기 대일행사원의 일본인식, 국사편찬위원회, 1990
14. 한일관계사 연구회 편, 독도와 대마도, 지성의 샘, 2005

3. 조선시대

조선 초기 대일정책의 기본은 남쪽 변경의 평화를 확보하는 것으로서 바로 왜구대책이라고 해도 과언이 아니다. 보다 구체적으로는 왜구를 평화적 통교자로 전환시키는 일이었다. 이를 위해 조선정부는 외교적 교섭, 군사적 대응과 회유책을 병행하였다.

1) 조선 전기의 대마도 인식
① 대마도 정벌과 속주화

대마도가 조선의 영토라는 인식은 세종 원년의 대마도 정벌과 뒤이은 대마도의 경상도 속주화 조치 때 집중적으로 나타났다.

대마도 정벌 출정전(出征前) 태종의 교유문(敎諭文)을 보자.

"대마는 섬으로서 본래 우리나라의 땅이다. 다만 궁벽하게 막혀 있고, 또 좁고 누추하므로 왜놈이 거류하게 두었더니 개같이 도적질하고 쥐같이 훔치는 버릇을 가지고 경인년부터 뛰놀기 시작하였다."[1]고 기록되어 있다.

다음 대마 정벌 후 도주에게 보낸 교유문을 보면, "대마는 섬으로서 경상도의 계림(鷄林)에 예속되었던바 본시 우리나라 땅이라는 것이 문적(門籍)에 실려 있어 확실하게 상고할 수 있다. 따라서 모든 보고나 또는 문의할 일이 있으면, 반드시 본도(경상도)의 관찰사를 통하여 보고하게 하고, 직접 본조에 올리지 말도록 할 것이요.…"라는 기록이 있다.

또한 우의정 신개가 국왕에게 보고하는 내용에 "신의 뜻도 황희 등의 의논과 같사오나, 왜인이 고기 잡기를 청하는 일에 이르러서는, 신이 망령되게 생각하기를, 대마도는 본시 우리나라 땅(我國之地)이

온데 고려의 말기에 기강(紀綱)이 크게 허물어져서 도적을 금하지 못하여 드디어 왜적의 웅거하는 바가 되었사온데 …"라고 했다.

"다만 그 땅이 매우 작고 또 바다 가운데 있어서 왕래함이 막혀 백성들이 살지 않았을 뿐이다. 이에 왜놈으로서 그 나라에서 쫓겨나 갈 곳 없는 자들이 몰려와 모여 살며 소굴을 이루었던 것이다. (…) 만약 빨리 깨닫고 다 휩쓸어 와 항복하면 도주에게는 좋은 벼슬과 두터운 몫을 나누어 줄 것이요, 나머지 대관(代官)들은 평도전(平道全)의 예와 같이 할 것이며, 그 나머지 무리들도 옷과 양식을 넉넉히 주어서 비옥한 땅에 살게 할 것이다.(…) 이 계책에 나아가지 않는다면 차라리 무리를 다 휩쓸어서 이끌고 본국으로 돌아가는 것도 가하다. 만일 본국에 돌아가지도 않고 우리나라에 항복하지도 않으면서 도적질할 마음을 품고 섬에 머물러 있으면 마땅히 병선을 갖추어 다시 섬을 에워싸서 정벌할 것이다."라고 했다.[2]

결국 대마도는 이듬해 이 요구에 응해 조선의 번병(藩屛)을 자처하며 속주(屬州)가 될 것을 요청하였다. 따라서 조정은 대마도를 경상도에 예속시키고 도주에게 인신(印信, 즉 도서(圖書))을 하사하였다. 이로써 대마도는 경상도의 속주로 편입되고 도주는 조선의 수도서인(受圖書人)이 되었다. 이후 모든 서계에는 반드시 이 도서를 찍어야만 효력을 인정받았다. 도주가 새로 바뀌면 대마도측은 조선정부에 신청해서 새로운 도서를 하사받았다. 도서제와 함께 모든 보고사항을 경상도 관찰사를 통해서만 하도록 한 점은 고려시대 진봉선체제하에서의 방식과 아주 흡사하다.

그런데 그 후 막부측의 개입, 소이전(小貳殿)과 대마도 측의 항의, 회례사(回禮使) 송희경(宋希璟)의 유화적 태도 등에 의해 속주화 조치는 1년 3개월 만에 철회되었다. 조선 정부는 대마도를 영토적으로 복속시키는 대신 도주가 신하가 되어 변경을 지킨다는 명분과 정치적 종속관계에 만족하였다. 즉, 조선 정부의 대마도정벌의 목적은 왜구의 진압이었지 대마도에 대한 영토적 지배에 있었던 것은 아니었다. 이것으로 조선 정부는 대마도가 조선의 번병으로 속령화 되었다고 본 것이다.

위의 내용은 《동국여지승람(東國輿地勝覽)》에 그대로 계승되면서 이후 조선시대 대마도 인식의 근간을 이루었다.

이상과 같이 조선시대에 들어와 왜구를 근절하기 위해 수차례 대마도를 정벌하였고 이후 수직왜인(受職倭人·조선 정부로부터 관직을 받은 왜인) 제도와 '세견선 무역' 등의 제도를 실시했다. 본격적인 속주화 작업은 조선 세종 때 이뤄졌다.

1419년(세종 원년) 이종무 장군이 병선과 대군을 끌고 대마도를 정벌한 것이다. 1436년 대마도의 식량사정이 어려워지자 도주인 소 사다모리(宗貞盛, 종정성)는 대마도를 아예 조선의 한 고을로 편입시켜 달라는 상소를 올리기도 했다.

"우리 대마도에게 조선 영토 안의 주 군(州 群)의 예에 따라 주(州)의 명칭을 정하여 주고 인신(印信)을 주신다면 마땅히 신하의 도리를 지키어 시키는 대로 하겠습니다."[3] 하고 하면서, 대마도가 조선에 복속되어 있음을 명백히 하였다.

이에 조선은 대마도를 경상도에 예속하고 도주를 태수(太守)로 봉했다. 그 뿐 아니라 그의 아들 소 시게요시(宗成職, 종성직)를 조선의 관직인 종일품 판중추원사 겸 대마주도제사로 임명하기도 했다. 이 관직을 줘 조선 각지를 괴롭혔던 왜구들의 준동을 막아내는 의무를 지게 한 대신, 일본에서 조선으로 도항하는 모든 선박에 대해 그 신분과 거래 목적을 검사하여 문인(文引·도항증명서)을 발행하는 권한을 줘 대마도를 정치적, 행정적으로 관리해 왔다.

그래서 18세기 초 조선통신사를 따라 일본을 방문한 신유한(申維翰)은 자신이 쓴 '해유록'(海游錄)에서 대마도주와 의례문제로 논쟁하면서 당당하게 말한 것을 다음과 같이 소개하고 있다.

"이 섬은 조선의 한 고을에 지나지 않는다. 태수가 조선 왕실로부터 도장을 받았고 조정의 녹을 먹으며 크고 작은 일에 명(命)을 청해 받으니 우리나라에 대해 번신(藩臣)의 의리가 있다."

1590년(선조 23) 임진왜란 직전에 통신사 부사로서 일본을 방문했던 김성일(金誠一)은 귀국 후 조정에 제출한 보고서에서 "대마도인은 대대로 우리 조정의 은혜를 받아 조선의 동쪽 울타리를 이루고 있으니, 의리로 말하면 군신지간이요, 땅으로 말하면 조선에 부속된 작은 섬이다."4) 라고 하였다. 이와 같이 대마도를 조선에 부속된 섬으로 생각했던 인식은 이미 조선 초기부터 조선인들에게 일반화된 보편적인 사고였다.

즉, 세종실록에 의하면, 대마도가 역사적으로 우리 땅의 일부로 경상도에 속했다는 기록을 여러 군데에서 볼 수 있다. 그런데 고려 말기에 나라의 기강이 해이해진 틈을 타 자기들 나라에서 쫓겨나 오갈 데 없는 일본 사람들이 모여들어 왜적의 소굴이 된 것이다. 이는 역사적 기록이 아니더라도, 우리나라 사람의 노

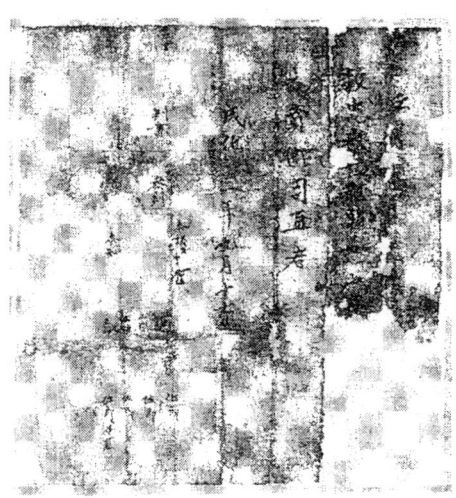

소다 소장 고신(1477년, 平伊也知告身)

비문서로도 확인된다.

　이상 기록으로 볼 때 한반도에 들어와서, 세종대왕은 대마도의 왜구를 토벌하고, 그 곳의 호족들에게 무관의 록(綠)을 주어서 왜구를 막았으니, 현재 이 섬에는 당시의 교지(敎旨, 그 속에서는 이를 고신(告身)이라 함)가 남아 있다.

　왜는 684년(천무 백봉 12)에 대마도의 나랑(야라, 임나)에 국부를 두었다. 그러나 중앙정부(中央政府)와 먼 거리에 있었으므로, 관리가 중앙정부의 임명을 받고도 부임하지 않은 자가 많아, 중앙정부의 힘이 미치지 못하였다. 그리하여, 연관이던 아비류씨의 재청 때는 물론, 종씨가 도주가 된 이후에도 조선과 깊은 관계를 맺어왔다.

　이와 같이 대마도와 조선이 역사적으로 깊은 관계가 있었던 까닭은, 지리적으로 가까울 뿐만 아니라, 농경문화와 불교문화 등 한국에서 높은 문화가 건너갔으며, 20세기 초반까지 한국의 식량에 의존해야 했기 때문이다.

② 조선 전기 대마도인식의 전개

　대마도정벌 후 일본에 회례사로 다녀온 송희경은 일본이적관(日本夷狄觀)의 바탕위에서 대마도를 부용국(附庸國) 내지 속국으로 인식하였다. 대마도에 도착한 후 그는 '조선과 일본은 한 집안'이라고 하였고, 대마도만호 좌위문태랑(左衛門太郎)을 만나서는 '같은 왕의 신하'라고 하였다. 이는 당시 경상도 속주화 조치가 내려진 상황 하에서 대마속국관을 명백히 표현한 것이다.

　세종의 대마도관 또한 김중곤(金仲坤)의 <노비문기(奴婢文記)>에 두지(豆之 : 대마도의 지명)인이 있는 데 대해 "대마도는 곧 우리나라의 변경이니라." 고 말한 데서 알 수 있다. 이에 대해 정승 황희(黃喜)도 "대마도는 본시 우리나라 땅이 온대 고려 말기에 기강이 크게 허물어져 도적을 금하지 못해 드디어 왜적의 웅거하는 바가 되었다."라고 화답하였다. 이것은 대마정벌 후 이와 같은 인식이 왕을 비롯한 조선 조정에 일반화되었음을 보여준다.

한편 세조대에 대마도주 종성직(宗成職)의 수직(授職)을 추진하던 과정에서 대마도주에게 내린 교서에서도 "경의 조부가 대대로 남쪽 변방을 지켜서 나라의 번병이 되었는데, 지금 경이 선조의 뜻을 이어서 더욱 공경하고 게으르지 아니하며 거듭 사람을 보내어 작명(爵名)을 받기를 청하니 내가 그 정성을 가상히 여겨 특별히 숭정대부 판중추원사 대마주병마도절제사를 제수 한다."[5]고 하였다. 성종대와 연산군대 조정에서의 논의 과정이나 대마도주에게 주는 서계에서도 '대마주는 우리나라의 번신(藩臣)'이라거나 "어찌 (대마도와 조선을) 양국이라고 칭하느냐. 너희 도주가 우리나라에 신하라 칭하였으니 (대마도는)우리나라의 일개 주 현에 지나지 않을 뿐이다."라는 기사가 자주 보인다.[6]

성종 17년(1486) 왕명으로 편찬된 《동국여지승람》의 이 내용은 조선시대 대마인식의 기본이라고 해도 좋을 만큼 이후 지리지 및 외교 자료집에 그대로 계승되었다.[7] 또 명종대 제용감(濟用監)에서 편찬한 〈조선방역지도(朝鮮方域之圖)〉에는 만주와 대마도를 우리 영토로 표시하고 있어 이시기의 영토의식 내지 대외의식을 보여주고 있다. 또 조선시대에 간행된 대부분의 지도에 대마도가 우리나라의 영토로 그려져 있다. 독도가 누락된 지도는 종종 있어도 대마도는 거의 표기되어 있다. 김정호의 〈대동여지도〉도 그러한 보기 가운데 하나이다. 또한 세종실록 29년 5월 25일 글에는 대마도는 옛날의 말을 기르는 우리 땅으로 나타난다.

▶ 대마도 표석

2002년 8월 박물관 개관5주년을 기념하며 세워진 4단 석조물(높이:420㎝). 이 표석에는 대마도가 원래는 우리민족의 영토였음에도 불구하고, 돌보지 않는 사이에 일본의 영토가 되었다는 역사적 사실이 기록되어 있다. 자연석에는 세종실록(정족산본)에서 발췌한 '대마도본시아국지지', 월인천강지곡에서 집자한 '대마도는 본시 우리나라땅'이 새겨져 있고, 오석 4면에는 일본의 고지도, 삼국사기, 청구도, 세종실록 등에서 발췌한 구체적인 역사적 기록이 새겨져 있다.
이 표석의 건립목적은 우리민족의 역사에 대한 실체를 구명하여, 왜곡된 일제 식민사관을 극복하고 국민의 영토의식을 고취시키는 한편, 오랫동안 진행되어 온 우리 영토에 대한 일본의 침략의 역사를 밝혀, 독도문제에 대한 경각심을 일깨우고 일본의 독도영유권 주장의 허구성을 알리는데 있다.

③ 조선 전기의 대마도인식의 성격

조선 전기의 대마도인식을 정리해 보면, ① 대마도가 옛날 우리나라의 땅이었다는 대마고토의식(對馬故土意識) ② 대마도가 우리나라의 동쪽 울타리라고 하는 대마번병의식(對馬藩屛意識) 내지 속주의식(屬州意識) ③ 대마도가 일본 본주(本州)와는 다르다고 하는 대마구분의식으로 나눌 수 있다.

첫째, 대마고토의식은 태종과 세종의 교서 이래로 일반화되었다. 그런데 그 근거가 문적에 분명하다고 하였지만 구체적인 증거는 약간 불확실하다. 대마정벌 후 대마도가 일시 경상도의 속주로 편입

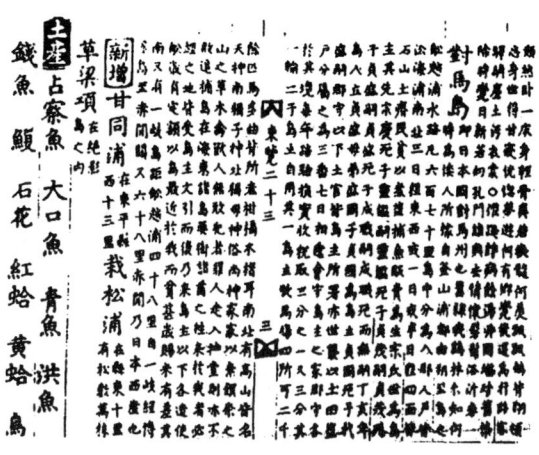

≪동국여지승람≫ 동래현 산천조

되기도 하였고, 대마도 정벌을 감행한 태종이나 중종대 삼포왜란을 진압한 황형(黃衡)과 같이 대마도가 우리나라의 땅이었으므로 되찾아야 한다는 주장도 계속 존재하였다. 그러나 전체적으로 보아 그 후 대마도가 일본의 영토인 현실에 대해 주장하는 것은 아니었다. 《해동제국기》나 《동국여지승람》의 기사도 대마도가 현실적으로 일본 땅이라는 사실을 전제로 하고 서술된 것이었다. 따라서 대마고토의식은 세종대 중기 이후로는 관념적인 형태로 존재하였다고 할 수 있다.

둘째, 대마번병의식이다. 대마고토의식이 다소 관념적인데 비해 대마번병의식은 현실에 바탕을 둔 것으로서 조선시대 대부분의 한국인이 가졌던 대마도관이었다. 대마도정벌 후 대마도에 대한 영토적 지배 대신 정치적 속령화 정책으로 바꾸게 됨으로써 대마도는 일본의 소속으로 되돌아갔지만 정치적으로 조선에 종속되게 되었다. 대마도주는 수도서인이 되어 조공무역을 하였으며 세사미두를 하사받았고, 도내의 호족들은 수직왜인이 되었다. 이와 같이 조선 정부는 대마도에게 경제적 특혜를 주는 대신 조선의 울타리로서 왜구를 진압하고 통교자를 통제하는 역할을 맡김으로써 남쪽 변경의 평화를 보장받고자한 것이다. 이에 따라 대마도의 교역선에 대해 모두 조공적 의례를 갖추도록 하였다. 또 대마도에 파견한 사신의 명칭도 경차관(敬差官)·체찰사(體察使)·초무관(招撫官) 등 국내의 지방관의 직명을 사용하였던 점도 대마도를 속주로 간주하고 있었기 때문이었다.[8] 이와 같이 대마도가 영토적으로는 일본에 속하

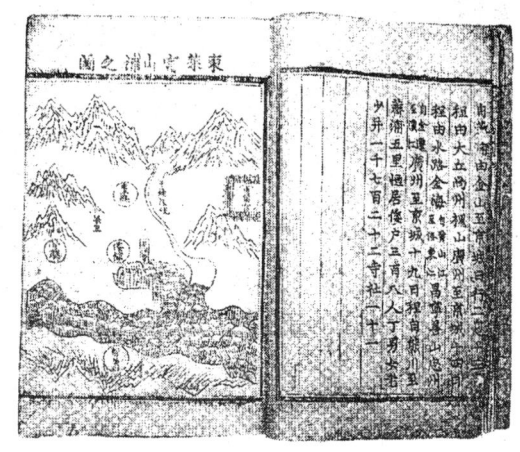

해동제국기(海東諸國記)

였지만 정치적으로는 조선의 국가질서 속에 의제 적으로 편입되어 신하의 예를 갖추었기 때문에 이를 양속(兩屬)관계라고 한다.

셋째, 대마구분의식이다. 이것은 양속관계론과 관련되는 것이지만 조선시대 인들은 대마도를 일본 본주와 구별되는 반독립적인 존재로 인식하였다. 이러한 사례는 많이 있다. 예컨대 대마정벌 시 조선 정부는 해적단의 본거지를 토벌하는 것으로서 일본 막부로부터 환영받을 것으로 생각하였던 듯하다. 그래서 그것이 본주에 대한 침략이 아님을 구주탐제에게 미리 통보하였다.

조선시대 대마도의 사정을 살펴본 내용으로, 1444년(세종 26년) 4월에 초무관(招無官)으로 대마도에 파견되었던 강권선(康勸善)의 귀국보고서 내용에 다음과 같이 쓰여 있다.

「대마도는 토지가 좁고 척박하여 농업에 힘쓰지 않으니, 기근을 면하지 못하고 도둑질을 멋대로 하고 어찌된 일인지 마음도 사납습니다.… 이곳은 일본 국왕의 명령이 미치지 않기 때문에 중간에 존재하

면서 포악하게 되었으니, 이들 모두가 도서(圖書)를 받아 우리 조정의 품으로 귀의하기를 원하오니, 청하건데 이 섬의 두목들에게 예전같이 내왕하게 하고, 양식과 도서를 주어 우환에 대비케 하소서 .」

 귀국 보고서의 내용은 척박한 자연환경 속에서 도민 모두가 조선에 의지하여 살아가고 있는 모습을 그대로 적었다.

 이러한 대마인의 생태에 대하여 위와 같은 인식은 통교가 정상적으로 이루어지던 성종 때에도 같은 내용이 나온다.

 세종 26년(1444) 일기도 초무관 강권선의 보고에서는 대마도에 대해 '일본 국왕의 명령이 미치지 못하는 곳'이라고 하여 일본 본주와 다른 지역으로 파악하였다. 《해동제국기》에서도 대마도를 일본의 8도 66주와는 별도로 기술하였다. 한편 일본에서도 대마도를 본주와 구별하는 시각이 많았는데 임진왜란 시 도요토미 히대요시(豊臣秀吉, 풍신수길)의 부하가 그린 '팔도총도(八道總圖)'라는 지도에 대마도가 조선영토로 표기되어 있는 점도 일본인의 대마도인식의 일단을 보여주는 사례이다.

 역대로 대마도는 조선보다 3배가 넘게 멀리 떨어진 일본 본토로부터 버림을 받았던 것은 사실이고, 근접한 우리 정부로부터 모든 혜택을 받았으며, 도민은 신민(臣民)으로서 우리 조정에 복종해온 것은 역사와 사실이 증명하고도 남는다.

 일본의 중촌영효(中村榮孝)도 그의 논문에서 조선과의 속지관계(개연성)를 인정하면서 대마도가 한일관계에 있어서 일본 측으로서는 생명선과 같은 섬이기에 그것을 아전인수 격으로 우겼으며, 지정학적 여건을 볼 때 불가피하게 조선의 영토였다고 실토하였다. 대마도주는 야속하게도 한일 간에 양다리를 걸쳐 놓고, 조선의 내부에서 불리한 양상이 있을 때는 우리 측에서 일본으로 가는 사신마저

위사(僞史)라고 하면서 발목을 잡았던 것이 고려시대 이후 계속되어 온 상투적인 수법이었다. 세조때 대마도주 종성직(宗成職)의 수직사건(속주의 직을 받아놓고 변절함)이 그 전형적인 예이다.

이러한 대마도의 농간에 대해 조선정부는 관용적인 입장을 취했다. 이렇듯 대마도의 간과 쓸개를 분간하지 못한 유동성 때문에 속주를 번병(藩屛)으로 보는 형태가 일시적으로 있었던 것이다. 이러한 못된 습관은 마침내는 임진왜란 이후의 국교재개 과정에서 대마도가 양국의 국서(國書)를 개작하는 사건으로까지 이어졌다.

이러한 대마도의 변태심리를 잘 아는 조선정부는 도주가 조선의 신하가 되어 변경을 지킨다는 명분과 정치적 종속관계에 만족하였다. 즉 조선정부의 대마도 정벌의 목적은 일본으로부터 넘쳐오는 왜구의 진압과 대마도를 경상도 동래부의 부속도서로서 조선의 속령으로 편입시키는 것이었다.

2) 조선 후기의 대마도 인식
① 교통 관계의 변화

무로마치 막부 시기에 반독립적인 지위를 누리며 조선과 독자적인 통교를 하였던 대마도는 전국시대(戰國時代)를 통일한 도요토미 히데요시(豊臣秀吉)에 의해 예속화의 길고 들어선다.

전반적으로 볼 때 조선 전기에 비해 대마도의 일본 예속화가 진전되었고, 그만큼 양속관계는 약화되어갔다고 할 수 있다. 이러한 여러 가지의 변화는 대마도가 형태적으로 조선과 일본 사이에서 양속관계를 유지하였지만 실제에 있어서는 막부 쪽으로 기우는 것이었다. 이른바 조선전기의 대마도가 '조선 측의 대일 외교 창구'였다면 후기는 '도쿠가와 막부의 대조선 외교의 창구 내지 대리자' 역할을 하였다고 볼 수 있다.

② 통신사 행원과 실학자의 대마도관

조선 후기 조선인의 대마도 전개양상을 통신사 행원과 실학자의 대마도관 및 각종 지리지를 통해 살펴보면 다음과 같다.

먼저 조선통신사 행원들을 일본에 사행(使行)하면서 대마도에 관하여 직접적인 체험을 가지고 있었으며, 또 귀국 후에는 대부분이 정부의 대일정책 결정에 참가하였던 일종의 대일 전문가 집단이라고 말할 수 있다.

광해군 9년1617년) 오윤겸(吳允謙)의 『동사상일록(東槎上日錄)』에 의하면 "지성으로 조선에 대하여 사대(事大)하며 시종 한 마음을 가져 영원히 속주가 되어 충성을 다할 것이다. 또 이 섬의 인민들은 오로지 우리나라 난육(卵育)의 은혜에 힘입어 생계를 삼고 있는 처지이니 이 뜻을 모든 인민들이 알아야 할 것이다."[9] 라고 했다.

인조 21년(1643년) 조선의 조경(趙絅)의 『동사록(東槎錄)』 망마주(望馬州)에는 "조선의 쌀과 베가 배고플 때 너의 밥이 되고 추울 때는 옷이 되었다. 너의 목숨은 조선에 달렸으니 너희들 자손 대대로 제발 속이지 말라. 거듭 위하여 고하노니 너희 조그만 대마주는 양국 간에 끼었으니 모름지기 조선의 속주로서 충심을 다해 백년토록 하늘의 복을 누리리라."라고 대마도인에게 말했다.

숙종 45년(1719년) 신유한(申維翰)의 『해유록(海遊錄)』에 기록하기를 "이 고을은 조선의 한 고을이다. 태수가 도장(圖章)을 받았고 녹을 먹으며 크고 작은 일에 명을 청해 받으니 우리나라에 대하여 속신(屬臣)의 의리가 있다."[10] 고 했다.

영조 39년(1763년) 조엄(趙曮)의 『해사일기(海槎日記)』에 기록하기를, "이 대마도는 본래 조선의 속국이었는데 어째서 일본에 들어갔는지 무척 의문이다.… 이미 조선의 옛 땅에 살면서 대대로 조선의 도서를 받으며, 또한 공미(公米)와 공목(公木)으로 생활하니 곧 조선의 영토이다."라고 했다.

이상의 내용들을 정리해 보면, 통신정사 오윤겸이 대마도주와 상견례를 할 때 나눈 대화내용으로서, 대마도가 조선의 속국이며 경제적 지원의 의미 등을 강조하였다. 다음 통신부사 조경 등이 조선의 경제적 지원을 강조하면서 대마도가 조선과 속주관계에 있음을 분명히 밝혔다. 그리고 제술관 신유한이 대마도주와 의례논쟁을 하면서 말한 내용인데, 대마속주의식이 강조되어져 있다. 끝으로 통신정사 조엄의 대마도관이 피력되어 있는데, 그의 견해도 기본적으로 대마고토의식을 가지고 있었다. 또 대마와의 관계에 대해서 ① 조선 고토에서의 삶, ② 도주가 조선의 도서를 받음, ③ 조선의 경제적 지원으로 생활함이라는 세 가지를 지적한 다음 대마도가 조선의 섬이라고 하여 속주의식을 나타내었다.

이렇게 조선통신사 행원들의 인식은 조선 전기의 내용을 계승하면서 그 강도는 오히려 더해가고 있음을 알 수 있다. 즉 사신으로서의 직접적인 체험을 바탕으로 대마도에 대하여 깊은 관심과 비판적인 시각을 가졌으며, 그 역할에 대해서도 기존의 속주의식을 강조하였다.

다음으로는 중국 중심의 화이관(華夷觀)에서도 벗어나고 일본이적관(日本夷狄觀)도 부정하며 우리의 주체사관을 중시한 안정복(安鼎福) 선생의 대마도관과, 실학을 완성한 정약용 선생의 내용들을 들어본다.

『순암선생문집(順庵先生文集)』 권10의 동사문답(東史問答)에 "대마도는 우리의 부속도서이다. 대개 대마도는 신라, 고려 이래로 국초에 이르기까지 우리의 속도로 대해왔다. 그리고 『여지승람』에는 옛날 경상도 계림 땅에 예속되었다고 하였으며, 태종이 기해년에 대마도를 정벌할 때 교서에도 대마도는 본래부터 우리나라의 땅이었다고 하였고, 그 이외에도 수많은 증거물이 있다. 그리고 그 땅을 정벌한 일은 마땅히 속도를 꾸짖은 방책이었다." 이는 안정복이 「동사외전(東史外傳)」을 지으면서 대마도에 대하여 '일본전'과는 별도로 '부속도서'로 편찬하였음을 실학의 발전에 공헌한 이익(李瀷) 선생에게 알리는 내용이었다.

18세기 실증사학의 대가였던 안정복은 이 책에서 세 가지 이유와 대마속국론을 증거로 들어 피력하였다. 그는 대마도가 우리의 영토임이 문적에도 나오는바 확실한 사실이라고 말하면서, 『삼국사기』와 중국의 『삼국지』, 『북사(北史)』 등에 나오는 대마도 관련기사를 검토하면서 대마도와 조선관계의 밀접성과 유구성을 고증하였다.[11]

안정복 선생은 『동사강목(東史綱目)』을 저술하면서도 대마도에 관한 확고한 영토적 개념을 확립시킨 사람이다.

선생의 후배인 실학의 대가 정약용은 『비어고(備禦考)』권4, 마도사안(馬島事案)에서 대마도가 지금은 일본 영토 내에 포함되어 있지만 본래는 우리 땅이었다는 점(각종 기록서), 대마도의 복식과 언어, 주민 등이 바로 우리나라와 유사하며, 일본 왜와 구별된다는 점을 지적하면서 역대 사서에 나오는 관계기사를 인용·분석하였다. 정약용은 또한 안정복의 대마속국론을 구체화시켰다(대마속국론을 둘러싼 이익과 안정복간의 이 논쟁은 상당히 흥미로운데 대일강경론자와 유화론자, 명분론자와 대세수용론자 간의 대립이라고 해도 좋을 듯하다. 정약용은 직접 논쟁에 참여하지 않았지만 대체로 안정복의 주장을 수용하였던 것 같다).

　한편 조선 후기의 지리지를 보면 전기적인 인식이 그대로 계승되고 있음을 알 수 있다. 특히 조선 후기에는 풍수 지리적 관념이 발달하였는바 우리나라의 지세를 인체에 비유하여 설명한 점이 흥미롭다. 즉 영조대인 1750년대 중반 제작된 《해동지도(海東地圖)》의 〈대동총도(大東總圖)〉에는 "백두산이 머리가 되고 태백산맥은 척추가 되며, 영남의 대마와 호남의 탐라를 양발로 삼는다."라고 서술되어 있다. 비슷한 시기에 제작된 것으로 추정되는 〈서북피아양계만리일람지도(西北彼我兩界萬里一覽地圖)〉에도 거의 같은 내용의 기사가 수록되어 있어 당시 이러한 인식이 상당히 일반화 되어 있었음을 보여준다.[12] 영조 36년(1765)에 제작된 《여지도서(輿地圖書)》와 순조 22년(1822) 편찬된 《경상도읍지》 등에는 대마도가 동래부 도서조(島嶼條)에 수록되어 있으며 그 내용은 대개 《신증동국여지승람》의 대마도인식을 보완한 것이다. 그리고 1830년경에 제작된 것으로 보여지는 〈해좌전도(海左全圖) : 부록 지도 6번〉에는 울릉도·독도와 함께 대마도를 우리 영토로 표시하면서 이종무의 정벌 이후 우리 영토로 사용해 왔다고 기록되어 있어 주목된다.

③ 조선 후기의 대마도 정책

　조선 초기의 대마도 속성(屬性)에 관하여 살펴보면 전기에는 왜구의 침입을 방어하기 위한 정치, 경제, 국방 등을 종합한 예속정책을 실시하였다.

　그러나 조선 후기 대마정책의 특색을 대체로 세 가지로 정리 할 수 있다.

첫째, 임란을 겪고 나서 도쿠가와 정부의 대마 간섭이 있어도 대마도민은 물론 조선주민의 대마고토의식과 속주의식은 그대로 계승되어 있었다. 이는 통신사 행원들과 18세기 안정복 등의 실증사학 및 각종 지리도서 등이 입증한다.

둘째, 대마구분의식의 심화이다. 일본의 본토와 대마도를 구분하는 의식과 아울러 일본 본토의 심처왜(深處倭)와 대마왜(對馬倭)로 구분했다(강항(姜沆)의 『간양록(看羊錄)』. 이것은 일본으로부터 대마도의 구분의식이 전기보다 더욱 명확해진 것을 의미한다.

안정복의 『동사왜전(東史倭傳)』에서는 대마도를 조선의 속주로 하고 그 섬이 일본의 땅이 아니라는 의식이 표현되어 있다.

또 영조 39년(1763년) 통신사행의 서기였던 원중거(元重擧)는 "대마도는 일본 내국과는 전혀 다르다. 일본 그들은 항상 대마도인을 오랑캐라고 부르며 사람 축에 끼워주지 않았다"[13] 라고 했다. 또 그는 조선과 일본 사이에 놓여 있는 가교적인 대마도에 대해 일본인들은 농간으로 그들의 이익을 추구한다고 했다. 이 같은 지적은 대마도와 본토를 기본적으로 구분한 인식에서 나온 것이며, 우리와는 속주관계가 깊다는 내용이다.

대마속주의식과 일본과는 본질적으로 다르다는 대마구분의식이 심화되어 가는 과정을 정확히 파악할 수 있다.

셋째, 막부의 외부적 압력이 강화된 후에도 대마도의 조선예속 관계가 교역 등으로 심화되어갔다는 사실이다.

이와 같은 관계는 그들이 경제적으로 열악한 환경 등에서도 충분히 인식할 수 있다.

3) 대마와 조선 - 통신사의 래조(來朝)무렵 -

14~15세기 왜구의 시대를 거쳐 소오(宗)씨가 조선 무역의 실권을 독점해 갔던 무로마치시대(室町시대 : 1338~1578)에 일본과 조선은 대체로 평화로운 외교관계에 있었다. 이때의 대마도주는 소우 사다모리(貞盛)로서, 거처를 사가(峰町)에 두고 조선과 활발히 무역을 했다.

아메노모리 호슈의 조선(朝船) 외교에 큰 공을 세운 비석 해설문(1689년)

이러한 평화로운 양국 관계에 있어 조선국왕은 무로마치 막부(幕府)의 장군 아시카가(足利)씨를 일본국왕으로 인정하고 1428년 이래 수차례에 걸쳐 일본으로 정식 사절단을 파견하였다(통신사의 시초). 그러나 이러한 우호관계는 1590년 이후 (일본)국내외의 사정에 의해 중단되어 버린다.

그 후 단절된 조선과의 관계가 소오씨의 노력에 의해 부활한 것은 도요토미 히데요시에 의한 전쟁후인 1607년이었다. 그 해 대마를 개재한 도쿠가와 신정권의 요청에 응하여 수호(국교회복)의 사절을 보내온 것이다. 이후 조선국왕은 도쿠가와 이에야스의 우호적인 정책을 이어받은 에도(江戶, 강호)막부에 대해 1811년까지 약 200년 동안

12차례에 걸쳐 통신사를 보내왔다.

엄격한 쇄국정책 하에 에도(江戶 : 현 도쿄)에 들어올 수 있었던 유일한 외교사절, 그것이 조선통신사였다. 이러한 사절을 맞이하는 측인 일본, 그 실무를 담당하는 대마에서 주도적인 활약을

아메노모리 호슈(雨森芳洲)가 대마번의 유신으로 대조선 통교에 공헌을 많이 한 공로로 세운 비석(1689년) 앞에서 집필자들

했던 인물이 아메노모리 호슈(雨森芳洲 1668~1755)였다. 1719년에 래일(來日)한 제9차 통신사의 제술관인 신유한과 아메노모리 호슈와의 교류는 특히 유명하다(『해유록』). "서로 미워하지 말고 싸우지 말며, 진실을 가지고 교류하는 것"이 성신(誠信)의 교류임을 강조한 호슈의 외교철학은 현대에 와서 더욱 빛을 바라는 보편적인 이념이다.

조선통신사는 조선정부의 최고 관료와 학자, 문화인을 비롯하여 화려한 악대(樂隊), 소동(小童), 무인(武人), 통역관 등 300명~500명에 달하는 대사절단이었다. 에도로 향하는 일행의 접대역을 하명 받은 각 지는 물론, 일반 서민들에 이르기까지 모두 그 행렬의 현란함에 감탄하였다. 당시 유명한 화가들에 의해 그려진 행렬 그림 두루마리와 병풍 그림이 지금도 일본국내외에 남아 있어, 그 행렬의 장대함과 이국정서를 연상케 한다.

통신사 일행이 묵었던 숙소에는 수많은 학자와 문인들이 모여들어

학문·예술의 교류가 이루어졌다. 또한 민간계층과의 교류도 이루어져, 가라코 오도리(당자(唐子)춤)와 후시미, 이즈모, 죠세키 등 조선통신사를 모티브로 하여 만들어진 것으로 보이는 인형 등에서 자취를 느낄 수 있다.

근세 에도시대, 선린우호(善隣友好)하에 일본과 조선 사이에 이루어진 대등한 외교. 오늘날 국가외교의 본연의 자세를 생각할 때 조선통신사가 상징하는 교린(交隣)의 역사적 사실은 우리들에게 큰 계시를 주는 듯하다.

4) 대마번 외교문서 위조

대마도는 7년간의 임진왜란과 정유재란으로 조선과의 무역이 단절되자, 생계를 유지하기 어려워 하루 속히 조선과의 교역재개를 원하던 터였다. 사명대사가 이에야스와의 교토 강화협상에서 국교수복 등 원칙적인 합의를 도출해냈음에도 불구하고, 양측 간의 견해차이로 통신사 파견과 교역재개가 쉽사리 풀리지 않았다. 사명대사가 교토 후시미성 회담 때 '전란 중 선릉과 정릉의 도굴범' 인도를 요청한데 대해서도 일본 측은 진범 색출이 어려워 가짜 범인을 속여 조선 측에 인도했는가 하면, 외교문서조차 대마번에 의해 위조되었던 것이다.

당시 양측의 중요 쟁점이 된 것은 몇 가지가 있었다. 그 중 하나를 들면 조선 측이 일본국왕 명의로 먼저 조선국왕에게 과거의 침략을 사죄하고 재침을 않겠다는 내용의 국서를 보내라고 요청한 것이었다. 일본은 통치체제가 조선과는 달랐기 때문에 실권자 도쿠가와 장군명의로 국서를 작성한데 반해 조선 측은 일본국왕명의의 국서와 인장 날인을 주장한 것이다. 양측의 주장이 팽팽히 맞서 해결의 실마리를 찾지 못하자, 대마번은 교역재개의 다급성을 감안, 궁여지책으로 도쿠가와 장군명의 국서를 일본 국왕명의로 정정하고 인장을 위조 날인하여 조선 측에 보내게 된 것이다. 또한 조선국왕의 국서 내용의 일부조차도 도쿠가와 장군의 심기를 건드릴 우려가 있는 부분을 대마번이 임의로 수정하였으며, 조선 측도 위작사실을 알면서 묵인한 것으로 밝혀졌다. 당시 교섭의 실무 담당이었던 조선 측의 전계신(全繼信)과 손문욱, 그리고 일본 측의 다치바나 토모마사 등은 이 문제로 말미암아 부산과 대마도를 오가며 협상의 고충을 몸소 겪었던 인물들이다.

이와 같은 대마번의 국서위조를 에도 막부가 뒤늦게 알게 된 것은 1633년이었다. 대대로 대마번주의 신복이었던 야나가와 후손의 폭로에 의한 것이었다. 19대 번주 소오 요시토시의 아들 요시나리(義成)와 그의 중신 야나가와 시게노부(柳川調信)의 아들 시게오키(調興)간의 불화로 윗대의 국서 위조 사실이 막부에 고발되어 결국 양측이 공히 처벌을 받게 된 것이다. 이를 '야나가와 잇켄(柳川一件)'이라 하는데 이 국서 위조사건의 산실 또한 서산사가 아닌가 싶다.

국서 위조는 이것이 처음이 아니었다. 임진왜란이 일어나기 전에도 도요토미 히데요시의 국서를 위조하여 우리조정으로 보낸 적이 있었다. 일본을 통일한 히데요시가 의기양양해진 데다가 당시 국제관계를 잘 몰랐던 만용 때문에 조선은 물론 명나라까지도 안중에 없었다. 그는 몇 차례 대마번주를 시켜 조선국왕을 일본에 불러들이도록 즉 참락(參洛)을 명령하고, 이레 응하지 않으면 조선을 정벌하겠다고 위협했다. 대마번주는 차마 히데요시의 명령을 사실 그대로 우리 조정에 전할 수가 없었으므로 히데요시가 '참락'을 요구하는 국서를 '통교'요구라는 내용으로 개작하여 조선에 전달했다. 그 때 우리조정은 이에 응하지 않았다. 그러나 히데요시는 여기서 그치지 않고 다시 1590년 대마번주 소오 요시토시와 야나가와 시게노부, 겐소 등을 우리 조정으로 파견했다. 이들 대마 측의 노력도 있고 하여 우리 조정은 당시 히데요시가 천하를 통일하여 통치자가 된 이후의 일본 정세를 정탐할 겸 통신사를 일본으로 보내게 된다. 이렇게 파견된 통신사사 정사 황윤길과 부사 김성일이었다. 그러나 이들이 귀국 보고를 상반되게 하여 그 결과를 놓고 후일 역사가 많은 말썽을 일으켰던 것이다.

통신사의 정사와 부사가 상반된 보고를 한 것은 국내적으로 일본의 침략 가능성을 흐리게 했다. 뿐만 아니라 조일 양국관계에 있어서는 조선이 히데요시 집권에 대한 축하사절의 의미를 띠게 됨으로써 조선이 일본에 복속(服屬)한 입공사(入貢使)로 받아들여졌다는 것이다. 이런 점에서 보면 당시 통신사 파견 자체가 크게 잘못된 일이었다.

대마번주와 가신들 그리고 대마와 깊은 관계에 있던 고니시 유키나가의 국서 개작은 당시 '샌드위치'입장이 된 대마도가 양측의 심사를 건드리지 않게 하기 위해 미봉책으로 저질렀던 것이다. 그러나 그 결과는 엄청나게 컸던 것으로 조일 양국을 속이고 히데요시의 망상을 부채질하는 꼴이 되어 일본의 조선침략이 자행된 것이다. 고나시 유키나가는 임진왜란 중 명나라와의 화의 교섭에서도 이와 유사한 속임수를 썼기 때문에 결과적으로 양측의 강화는 파탄되고 정유재란의 재침으로 이어졌다.

제7장 3. 조선시대 인용 및 참고문헌
<주>

1) 세종실록 원년 6월 6일
2) 세종실록 원년 7월 17일
3) 세종실록 권 7, 2년 윤정월 기묘
4) 김성일, 해차록 권 3, 해서장관담, 1590(선조 23년)
5) 세종실록, 7년 8월 28일
6) 성종실록, 25년 2월 27일, 연산군 일기 8년 정월 19일
7) 소라동천의 동국조선총도
8) 박실, 한국 외교비사, 기린원, 1980년 p89
9) 공사상일록, 정사년 7월 10일
10) 해유록-상, 기해년 6월 30일
11) 순암선생문집 권10, 동사문답 무인
12) 〈대동총도〉와 〈서북피아양계만리일람지도〉는 현재 서울대학교 규장각에 소장되어 있다. 또 영조 36년(1765년)에 제작된 〈여지도서〉와 순조 22년(1822년)에 편찬된 〈경상도읍지〉등에는 대마도가 동래부 도서조에 수록되어 있으며, 그 내용은 대개 『신증동국여지승람』의 대마도 인식을 보완한 것이다.
그리고 1830년 역시 순조연간에 제작된 〈해좌전도〉부록지도 6번에는 울릉도 및 독도와 함께 대마도를 우리 영토로 표시하면서 이종무의 대마도 정벌 이후에 우리의 영토로 사용해왔다고 기록되어 있다.
13) 「풍속(風俗)」, 『화국지(和國志)』하권

1. 김화홍, 대마도도 한국 땅, 지와 사랑, 1999
2. 민덕기, 임진왜란 이후의 조일 간화 교섭과 대마도, 한국 사학회, 1984
3. 손승철, 조선시대 한일관계사 연구, 지성의 샘, 1994
4. 손승철, 대마도의 조·일 양속관계(독도와 대마도), 지성의 샘, 2005
5. 이병선, 대마도는 한국의 속도였다, 이회문화사, 2005
6. 인재환, 대마도 우리역사 답사기, 한림출판사, 1998

7. 임채청, 간도에서 대마도까지, 동아일보사, 2005
8. 차종환 외, 독도는 우리 땅인가(근간)
9. 차종환 외, 독도 영유권 논쟁과 대책(근간)
10. 하우봉, 조선 후기 실학자의 일본관 연구, 일지사, 1989
11. 하우봉, 조선 초기 대일행사원의 일본인식, 국사편찬위원회, 1990
12. 한일관계사 연구회 편, 독도와 대마도, 지성의 샘, 2005

4. 근대인식

1) 19세기 초엽

《증보동국문헌비고》에는 대마도 영유에 대한 문제에 있어 차분하고 공정한 자세를 유지하면서 대마고토의식과 우리와의 민족 및 문화적 동질성, 일본 내 대마도의 이질성, 경상도 속주화 문제 등이 고루 표현되어 있다. 이어 《삼국사기》에 나오는 기사를 인용해 신라시대에 대마도가 우리 영토였을 가능성에 대해 논증하였다. 여기에는 대마도 영유에 대한 문제에 있어서 차분하고 공정한 자세를 유지하면서 대마고토의식, 조선과의 문화동질성, 일본 내 대마도의 이질성, 경상도 속주화 문제 등이 고루 표현되어 있다. 그리고 조선 말기에 제작된 것으로 추정되는 세계지도 《소라동천(小羅洞天)》의 〈동국조선총도(東國朝鮮總圖)〉, 〈강원도도(江原道圖)〉, 〈경상도도(慶尙道圖)〉에는 독도와 대마도가 우리나라 영토로 그려져 있어 주목된다.[1]

이와 같이 위의 지리서에는 대마도를 여전히 동래부의 부속도서로 취급하고 있어 전시기의 대마번병의식을 계승하고 있다. 그러나 이

시기에 와서 대마번병의식은 현실적인 의미를 거의 상실하였으며 잔영과 같이 의식의 바닥에 침전되어 있을 뿐이다.

일본이 독도문제에 대해 영유권을 주장하면서 제시하는 역사적 근거와

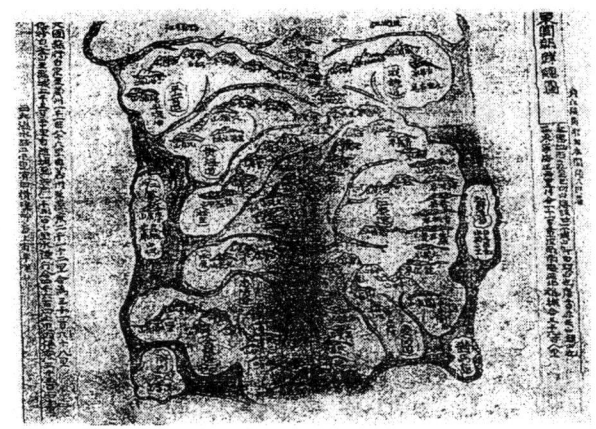

소라동천(小羅洞天)의 <동국조선총도>
대마도가 조선 영토로 나타나고 있다.

비교해 볼 때 대마도가 우리 소속이었다는 사실을 입증하는 자료는 훨씬 시기적 연원도 깊고 자료도 풍부하다고 할 수 있다.

19세기 순조 22년(1822년)에 편찬된 <경상도읍지> 등에는 대마도가 동래부 도서조(島嶼條)에 명확하게 수록되었고, 그 당시의 여러 지도 등에서 대마도가 조선의 영토로 확인된 사실이 있다.

16세기 말엽 일본의 무력침공이 있은 후 무려 300년이 넘는 긴 시간의 여정에서 대마도는 우리의 영토로서 그 속민과 함께 우리 정부의 통제를 받고 있었음을 증명하는 것이다(메이지 정부의 판적봉환(版籍奉還)이 있었던 1869년에 일본은 우리 영토를 이즈하라(嚴原)번으로 예속시키고 1877년에는 폐번치현(廢藩置縣)에 의해 나가사키(長岐) 현에 편입시켰다).

메이지 정부 이전까지는 대마도가 조선의 속주로서 조선 중앙정부의 은혜를 입은 사실이 여러 곳에서 밝혀지고 있다.

2) 19세기 중엽

19세기의 근대적 관계와 인식을 살펴보자.

대마도와의 속주관계는 근대에 들어와서 특히 일본의 국내적 정세의 변화에 의하여 변해갔다.

1854년 미·일 강화조약 이후 급변하는 국제정세 속에서 도쿠가와 막부는 종래 그들의 무역 교역장이었던 대마도를 배제하고 조선무역을 직접 관장하려고 했다. 그러나 대마도와 우리 정부의 반발로, 또한 그들 자체의 정치적 혼란 때문에 이 조치는 결행되지 못하고 메이지 정부의 정치적 숙제로 넘어갔다.

1868년 메이지(明治)유신 후에 성립된 신정부는 외교권을 장악하여 1869년에 대마두는 '이즈하라(嚴原)번'으로 개칭되었다. 동시에 대마도주는 종씨의 조선외교권을 신정부에 강제로 넘겨주게 되고, 같은 해 9월에 외무성 관리가 대마도로 파견되었다. 그들의 계속된 정책은 1871년에 대마번은 이즈하라현으로 바뀌어 이마리(伊萬里)현에 병합되었다가 1877년 다시 나가사키(長岐)현에 편성되었다.

그러한 결과 대마도는 나가사키현 부속의 일개 지방행정 단위로 변했다. 또 메이지정부의 외교일원화 조치에 의해 1872년 모든 외교사무가 외무성으로 이전되었다. 1872년 5월 28일에 메이지정부에 의하여 부산의 왜관이 접수되었으며, 수도서제(受圖書制)와 세견선이 폐지되었고, 표류민 송환도 외무성이 관장하게 되었다.[2]

메이지정부의 이러한 일련의 조치에 의해 고려에 이은 조선시대의 조일간의 전통적인 교린체제는 완전히 붕괴되었으며, 국운이 쇠약한 조선정부는 대마도와 어떠한 관계를 맺을 여지가 없었다. 이에 따라 조선 측의 대마속주의식은 그 현실감을 잃게 되었고, 본토와의 구분의식도 퇴색되었으며, 속주의식의 연대체계를 나타내는 기록마

저 사라져갔다.

  이러한 내용들은 일본이 1854년 미국의 강요에 의해 통상의 문을 열고서 열강들의 방식을 따라 서구화를 추진하고 일본 자체의 산업혁명에 박차를 가하여 제국주의 팽창정책으로 나아가는 단계에 접한 것이었다.

  일본은 우리와 1876년 강화도 조약을 미국 방식으로 강제적으로 체결하여 일본공사를 주둔시켰고, 이를 통해 또 다시 조선강점의 무력적 침략단계에 접어든 것은 근세의 기록들이 증명하고 있다.

  모두가 그들의 일방적인 침략에 근거한 영토침탈의 만행이며, 한국 본토의 침략 및 대동아공영권의 장·단기적 계획에 의거, 그 과정에서 대마도를 다시 전쟁의 발판기지로 먼저 강점해간 것이다. 여기에 일본이 아무런 이의를 제기할 수 없는 것은 당시의 사실(史實)들이 확실하게 입증하고 있기 때문이다.

3) 19세기 말과 20세기 초

  대마도의 근대의식을 살펴보자.

  근대란 19~20세기에 해당된다. 이 시기에 고종 32년(1895년)에 간행된 『영남읍지』나 순종 2년(1908년) 『증보동국문헌비고』와 같은 지리지의 내용에서 당시의 대마도 상황을 살펴 볼 수 있다.

  이 중 『증보동국문헌비고』에는 대마도에 대해 "지금 비록 일본의 폭력으로 그들의 땅에 강제로 편제되었으나 본래는 우리나라 동래에 속했던 까닭에 이에 대한 기록들이 우리의 고사(故事)에 많이 있어 아울러 기록 한다."고 하며 "섬 안의 남자들의 언어와 부녀자들의 의복이 조선과 같았다. 대마도인들이 왜를 칭할 때는 반드시 일본이라고 하였고, 일본인들도 그들을 일본 왜와는 크게 차별하여 대우하였으므로 대마도민 자체가 일본에 예속된 왜로 차처하지 않았다."고 기록되어 있다. 이는 그들의 고향은 역시 조선이며 도민의 문화유산이 바로 조선의 그것이라는 것을 알 수 있게 하는 증거이다.

결과적으로 조선 후기의 자료들을 근거로 볼 때 19세기 말과 20세기 초까지도 대마도가 조선의 영토였음이 고증된다.

이와 같은 기록에서 다시 한 번 주목할 것은 세종 원년 이후 20세기 초까지 대마도를 여전히 경상도 동래부의 부속도서로 취급하고 있으며, 이것은 바로 번영의식을 넘어선 조선의 속주 부속도서로 계속되어왔다는 사실을 실증한다는 점이다.

일본은 대마도의 기반을 더 조여서 튼튼히 한 다음 1882년에 제물포조약 등을 맺어 일본군을 한반도에 주둔시키는 것에 성공했다. 연이어 1894년에 청일전쟁을 거쳐 1904~1905년 러일전쟁의 승리로 1905년 을사조약을 체결하여 우리의 외교권을 박탈하였고, 드디어 1910년 한일합방으로 이어져 우리의 국권을 유린한 것이다.

제7장-4. 근대인식 인용 및 참고문헌
1) 소라동천의 동국조선총독
2) 황야태전(荒野泰典), 『明治維新期の日朝外交體制(명치유신의 일조외교체제)』, 길주홍문사, 1987

1. 김화홍, 대마도도 한국 땅, 지와 사랑, 1999
2. 민덕기, 임진왜란 이후의 조일 간화 교섭과 대마도, 한국 사학회, 1984
3. 손승철, 조선시대 한일관계사 연구, 지성의 샘, 1994
4. 손승철, 대마도의 조·일 양속관계(독도와 대마도), 지성의 샘, 2005
5. 이병선, 대마도는 한국의 속도였다, 이회문화사, 2005

6. 이현종, 고려 후기의 왜적, 현음사, 1994
7. 인재환, 대마도 우리역사 답사기, 한림출판사, 1998
8. 임채청, 간도에서 대마도까지, 동아일보사, 2005
9. 차종환 외, 독도는 우리 땅인가(근간)
10. 차종환 외, 독도 영유권 논쟁과 대책(근간)
11. 하우봉, 조선 후기 실학자의 일본관 연구, 일지사, 1989
12. 하우봉, 조선 초기 대일행사원의 일본인식, 국사편찬위원회, 1990
13. 한일관계사 연구회 편, 독도와 대마도, 지성의 샘, 2005

5. 20세기 대마도 인식

1) 상해 임시정부의 역사편찬 사업

대마도 문제는 상해 대한민국 임시정부의 역사편찬 작업에서도 북방영토(간도)문제와 함께 거론되었다. 광복 이후 미군정하의 입법의원에 선출되었던 허영관 의원 외 60명 의원이 "대마도는 조선 땅이기 때문에 차제에 환속시켜야 한다."고 한 것은 2차 대전 종결 후에 우리의 영토를 되찾으려는 시도에서 나온 주장이다.

그 이론적 뒷받침은 최남선 선생의 결정적인 말씀이 있으셨고, 그 뒤에 몇 분들의 학문적인 연구 토대가 되었다. 많은 초대 의원들이 서명에 동참했다. 대마도에 대한 우리 국민의 영토의식이라고 하는 것은 면면히 이어져 내려왔지만 바로 6·25 전쟁 이후 좀 델리케이트한 문제로 독도문제만이 큰 것으로 남았다. 그래서 양태진 박사는 1979년에 대마도가 우리 땅이라는 논문을 섰다. 써 보면서 느낀 것이 대마도 문제가 문헌적으로 사실은 훨씬 강하게 제기될 수 있겠다는 신념이 들었다고 언급했다.

이승만 대통령이 대마도가 우리 땅이라는 말을 어떤 근거로 하셨는지 잘은 알 수 없으나, 사실은 이승만 대통령도 당시의 입법의원들의 영향을 많이 받은 것으로 알려지고 있다. 그리고 특히 김성수 선생이 그 문제에 대해서 동아일보 사장 재임 시에 민감하게 학자들과 접촉하고 연구했다. 그래서 상당히 건의도 많이 한 것으로 알고 있다. 그때를 우리가 실기(失機)를 한 것이다. 우리가 실기한 그 시기에 일본은 얼마만큼 민감했냐면, 이승만 대통령이 대마도 문제를 거론하자마자 바로 연구를 시켰다. 그래서 독도 문제 못지않게 대마도 문제가 영토 문제로서 일본 안에서 상당한 연구 자료가 생겨 나고 또 알게 됐었다.

2) 이승만 대통령의 한국영토 선언

1949년 1월 8일 이승만 대통령은 신년 기자회견에서 대마도의 영유권을 주장하면서 일본에 대해 대마도 반환을 요구하였다. 이 섬은 우리나라 땅이었으나 우리가 관리를 소홀히 하고 있을 때 청나라에서 관리하였는데 청이 정신없던 1870년대에 일본이 무조건 삼킨 것이기 때문에 반환하라는 논리다. 당시 이 대통령의 이 발언은 국내외에 큰 반향을 불러 일으켰다. 국내외 언론은 이 대통령의 발언 내용을 상세히 보도하였고, 국회에서는 앞으로 열릴 대일강화회의에서 대마도 반환을 관철시킬 것을 촉구하는 건의안이 제출되기도 하였다. 한편 일본의 요시다(吉田茂, 길전무) 내각은 강력히 항의하는 동시에 연합군최고사령부(SCAP)의 맥아더 장군에게 이 대통령의 요구를 막아주길 요청하였다. 이때 일본 측의 반응은 신속하여 이 대통령의 대마도 반환 요구에 대한 반대 자료를 작성하기 위해 일본은 외무성 산하에 위원회가 구성되었다.

대마도 영유권을 주장한 이승만 대통령의 발언은 면면히 이러져 온 한국인의 전통적 대마도 인식을 바탕으로 한 지도자로서의 당당한 태도이고, 이를 높이 평가하면서 현재는 물론 다음의 민족 지도자들도 그러한 자세로 대일외교에 임해줄 것을 당부한다.

한편 일본은 학회 차원에서도 대응이 있었다. 이 직후 역사학·고고학·인류학 등과 관련된 일본의 5대 학회가 동원되어 2년간에 걸쳐 대마도를 조사하고 보고서를 제출하였으며, 이 대통령 발언의 부당성을 강조하는 논문을 잇달아 발표하였다.

또한 맥아더 사령부측도 이 대통령의 발언이 전후(戰後)동아시아에서의 미국의 구도를 방해 하는 것으로 받아들여 냉랭한 반응과 함께 유감을 표시하였다. 이러한 상황에서 이 문제가 국제법상 효과를 발휘하기는 어렵다고 보았는지 이 대통령도 대마도 영유권 주장과 반환 요구를 그 후 공식 문서나 외교 채널을 통해 정식으로 요구하지는 않았지만, 각국의 외교사절을 만날 때마다 대마도 영유권을 역설했다. 그와 함께 이 대통령은 바다에도 '이승만 라인'이라는 어업구역을 설정해 이를 침범하는 일본 어선을 붙잡도록 했다. 1948년 9월 9일 한국 외무부에서 일본 측의 이의제기를 반박하며, 대마도 속령을 강조하는 성명을 발표했다.

재일조선인 거류민단 대마도본부 이신연(李新演) 단장은 "이 대통령의 선언이 나왔을 때 대마도에 살던 일본 주민들은 '한국이 독립을 해서 미국의 힘을 업고 대마도를 차지하려고 한다. 이제 곧 일본사람들은 쫓겨나게 생겼다.'는 불안감에 크게 동요했다."고 회고했다고 한다. 1949년 3월 국회에서는 대마도 반환을 촉구하는 건의안을 제출했다.

당시 일부 언론은 '대일 배상 요구를 위해 미리 띄워 본 애드벌룬',

혹은 '고도의 외교적 책략의 일환'으로 분석하기도 하였다. 그러나 이 대통령의 이 발언은 돌연히 발표한 일회적인 것이 아니었다. 그는 건국 직후인 1948년 8월 18일 대마도 반환요구를 처음으로 발설한 뒤 일본 측에서 물의가 일자 9월 9일 이를 반박하면서 다시 대마도 속령에 대한 성명을 발표하도록 하였다. 그리고 1949년 1월 대일 배상을 요구한 데 이어 8일에 대일강화회의 참가 계획을 발표하면서 거듭 대마도 반환 요구를 주장한 것이다. 또 이승만 대통령은 건국 초부터 북간도, 두만강정계비, 독도, 대마도 등 영토와 국경선 문제에 대해 전문가들에게 자문을 구하고 보고서를 제출하도록 하였다.[1] 이와 같이 이 대통령의 발언은 상당한 검토를 거쳐서 나온 만큼 나름대로의 역사적 근거를 기저에 깔고 있었으며, 거기에는 당연히 한국인의 전통적인 대마도관이 대입되었다고 보여진다.

3) 마산시의회의 「대마도의 날」 조례 제정

2005년 3월 18일 경상남도 마산시 시의회에서는 109회 임시회의를 개최하고 전원찬성으로 「대마도의 날」 조례 제정을 가결했다.

이날 제정된 조례는 '대마도가 우리 영토임을 대내외에 각인시키며 영유권 확보를 목적으로 하고, 조선조 초기 이종무 장군이 대마도를 정벌하기 위해 마산포를 출발한 6월 19일을 대마도의 날로 정한다.' 등을 주요 내용으로 하고 있다.

마산 시의회는 최근 일본 시네마현(島根縣) 의회가 「다케시마의 날」 즉 독도의 날 조례 제정을 한데 대응으로 시네마현의 다케시마의 날 조례 폐기를 촉구하며 「대마도의 날」 조례를 제정하고 대내외에 선포했다.

마산 시의회「대마도의 날」조례 전문은 다음과 같다.

대마도의 날 조례 전문

제 1 조(목적) 이 조례는 역사와 문화적 배경의 동질성을 지닌 대마도를 우리 대한민국 영토임을 대내외에 각인시키고 영유권 확보를 그 목적으로 한다.

제 2 조(제정) 조선시대 세종때 이종무 장군이 대마도 정벌을 위해 마산포를 출발한 6월 19일을 "대마도의 날"로 한다.

제 3 조(행사계획) 대마도가 한국땅이라는 역사적 증거가 있으므로 대마도가 우리땅이라는 사실을 입증하는데 노력한다.

제 4 조(위원회 구성) 필요시에는 위원회를 구성할 수 있다.

한편 정부에서는 이에 대한 조치가 시기적으로 적절치 못하다고 보고 조례의 철회를 요구했으나 마산시의회는 법령의 범위 내에서 조례를 제정하고 공포한 것이라 하고 이에 대한 철회를 거부했다.

일본은 최근 빈번히 독도문제를 야기시키고 있다. 엄연한 사실까지를 왜곡해가며 마치 어린아이 생떼를 부리듯 하고 있다. 만약 일본이 양국간의 극심한 마찰을 예상하면서도 끝까지 집요하게 독도를 자기 영토라고 하며 침범을 감행할 경우 무서운 재앙을 가상할 수 있다. 국가주권에 관한 문제임에 양국간에 무력 충돌은 필연적으로 야기되어 전쟁의 와중에 독도가 폭파되어 이 지구상에서 사라질 수 있다.

이러한 심각한 우려를 자아내게 하는 독도문제를 정부당국은 일방적으로 양국간의 분쟁이 우려된다하여 소극적으로 대응하고 있을 문제가 아니라고 본다.

일본의 독도에 대한 근거없는 주장에 맞서 대마도의 사실에 입각

한 주장을 하며 주권의 반환을 요구하고 궁극적으로 한국 영토로 환수하는 노력을 추진해야 할 일이다.

제7장-5. 20세기 대마도 인식 인용 및 참고문헌

<주>
1) 박실, 한국 외교비사, 기린원, 1980년 p89

1. 김화홍, 대마도도 한국 땅, 지와 사랑, 1999
2. 민덕기, 임진왜란 이후의 조일 간화 교섭과 대마도, 한국 사학회, 1984
3. 손승철, 조선시대 한일관계사 연구, 지성의 샘, 1994
4. 손승철, 대마도의 조·일 양속관계(독도와 대마도), 지성의 샘, 2005
5. 이병선, 대마도는 한국의 속도였다, 이회문화사, 2005
6. 인재환, 대마도 우리역사 답사기, 한림출판사, 1998
7. 임채청, 간도에서 대마도까지, 동아일보사, 2005
8. 차종환 외, 독도는 우리 땅인가(근간)
9. 차종환 외, 독도 영유권 논쟁과 대책(근간)
10. 하우봉, 조선 후기 실학자의 일본관 연구, 일지사, 1989
11. 하우봉, 조선 초기 대일행사원의 일본인식, 국사편찬위원회, 1990
12. 한일관계사 연구회 편, 독도와 대마도, 지성의 샘, 2005

제8장 대마도 관광과 한국인 유인

1. 대마도 관광

대마도에 가면 한글이 보인다. '어서 오십시오' 등 공항·관광 명소·공공장소·가게 등에 여기저기 한국말로 씌어진 안내문이 눈에 띈다. 한

대마도행 부산 출입국장

국인과 접촉이 잦은 대마도 사람들 가운데 '안녕하세요', '안녕히 가세요'는 기본이고 한국인들과 나누는 대화도 대충의 분위기는 눈치로 파악한다. 그러나 말 몇 마디를 안다고 해서 한국어 영역에 있는 것은 아니다. 제대로 의사소통을 하기 위해서는 기본적으로 통역이 필요하다. 따라서 관광을 제대로 하기 위해서는 이중 언어를 하는 관광 안내자가 있어야한다.

시대가 변하면서 사람들의 생활이 변하고 휴식을 취하는 모습도 변하고 있다. 현재 인구 9,000명이 조금 넘는 작은 도시 이즈

대마도행 연락선

하라는 번화가를 조금만 벗어나면 좁은 골목길을 끼고 양쪽으로 식당·술집·노래방(가라오케)이 즐비하다. 100채 가량으로 보이는 가게들은 이즈하라 인구 100명이 가

대마도 관광 안내표

게 한 집을 받쳐주고 있는 셈으로, 그 중에는 반가운 한글 간판도 있다. 즉 가게 하나가 100명을 먹여 살린 듯 보인다. 한국어 관광안내책자도 판다고 써 있다. 그러나 주인은 일본 사람이었다.

2. 대마도 토지 구입

방화벽 역할도 하는 대마도의 돌담
높이3m 폭1.5m이다.

대마도에 다시 한국바람이 거세다. 2004년 3월 시로 승격한 대마도는 산을 깎고 온천과 골프장 등을 개발하는 공사가 한창이다. 더 많은 한국 사람을 끌어들이려는 의지가 섬 곳곳에서 느껴진다. 길가 벽보

에 "대마도의 토지·건물을 한국의 모든 분들이 구입하실 수 있습니다. 대마도에서 낚시를 즐겨보세요. 토지·건물의 판매가격은 2000만원부터." 라는 글이 써 있다.

일본인 부동산 업자는 "한국의 주민등록증만 있으면 토지와 건물을 매입할 수 있으며 등기도 된다. 토지가격은 평당 20만~30만원대"라고 한다. 한국 사람이 대마도에 별장을 지을 수도 있다고 한다.

(임채청 글에서)

3. 대마도 특구 법안

대마도가 속해 있는 나가사키(長崎, 장기)현은 대마도의 관광교류 확대를 위한 '대마도 특구' 법안을 추진하고 있다. 그중 핵심이 한국과 교류를 활성화하기 위한 대책이다. 이 안에는 대마도를 찾는 한국인 관광객 비자면제, 토지이용 및 취득규제 완화, 한국어 교육 확대, 대마도에 대한 투자개발 활성화를 위한 대양한 방안이 포함돼 있다. 요즘 쓰시마(對馬, 대마) 고등학교에는 국제교류과를 신설, 졸업학점 25학점 중 한국어 과목 5학점을 졸업 필수로 지정했다.

쓰시마시 총무기획부장은 "50km 떨어진 부산엔 400만~500만 명이 살고 있는데 150km 떨어진 후쿠오카의 인구는 200만 명에 불과하다. 눈앞에 좋은 시장이 있는데 왜 한국과 교류하지 않겠는가."라고 말했다.

일본이 실제적으로 대마도를 지배하고 있는 상황에서 당장 우리가 역사적 사실을 근거로 대마도에 대한 영유권을 주장하는 것은 쉬운

일이 아니다. 그보
다는 교류 활성화로
대마도를 한국의 경
제권과 문화권에 편
입하는 것이 현실적
이라고도 할 수 있
다.

(임채청 글에서)

대마도 대아호텔

한국기업이 경영하는 대아호텔은 바다를 바라보는 해돋이 호텔로 정동진의 일출보다 비교할 수 없을 정도로 아름다운 곳이며, 호텔앞의 넓은 잔디공원은 사방이 확트인 전망이 가장 좋은 곳에 위치하고 있다. 대중온천 및 특산품점 이용가능

4. 대마도의 한국 관련 유적 및 행사

대마도에는 한국과 관련이 많은 유적들이 많다. 또한 한국과 관련되는 행사도 매년 집행되고 있다. 대표적인 것을 아래 표에서 볼 수 있다.

조선통신사 행렬도	400~500명으로 구성된 조선통신사 일행의 화려한 행렬을 담은 길이 16.53m 짜리 두루마리 그림. 이즈하라 대마역사민속자료관 보관
아리랑 마쯔리	매년 8월 첫째 토~일요일에 개최되는 대마도 최대의 축제. 조선통신사의 행렬 재현, 노 젓기 대회, 불꽃놀이 등 다양한 행사
바이린지 (海林寺, 해림사)	538년 백제 성왕에 의해 일본에 불상과 경전이 전파됐던 연고지에 전해지는 고찰. 1436년 조선에 예속된 후 일본에서 조선으로 도항 하는 선박에 대해 문인(도항증명서)를 발급해 주는 사무를 보던 곳.

가나다 (金田)성터	일본 최고(最古)의 성터. 높이 2~5m의 성벽이 5.4km에 걸쳐 남아 있는 백제식 산성. 667년 백제 유민이 나당연합군의 침공에 대비해 쌓은 것으로 알려짐.
신라사신 순국비	왜에 볼모로 잡혀있던 신라의 왕자 미사흔을 탈출시키고 자신은 잡혀 처형당한 신라 사신 박제상을 기리는 순국비. 1988년 한국과 대마도의 학자와 유지가 힘을 모아 건립.
코즈나 고려불	칸온지(觀音寺, 관음사)에 본존불로 안치돼 있다. 불상 속에서 발견된 문서에는 1330년 주조돼 고려 부석사에 봉납한다고 쓰여 있으나 어떤 경로로 대마도에 유입됐는지는 밝혀지지 않고 있다.

5. 대마도 유물 및 명소

1) 신사 및 자료관
① 팔번궁 신사

이즈하라 시내에 있는 신사로 대마도의 대표적인 신사다. 연중무휴에 입장료는 없으나 보물전 관람은 따로 돈을 내야 한다. 삼한에 임나일본부를 건설했다는 가상의 인물인 신공황후를 받

팔번궁 신사 입구

팔번궁 신사 비석

들고 있어 일본인들의 역사왜곡의 증거를 엿볼 수 있는 곳이기도 하다.

또한 보물관에는 삼십육가선 두루마리 그림이 장관이며 소서행장의 딸로서 19대 대마도주 소 요시모토와 결혼한 마이라를 참배하는 신사가 있다.

② 코모다하마 신사

1274년 10월, 합포(마산)를 출발한 고려와 몽고의 3만 일본정벌군은 대마도의 코모다하마 해변으로 상륙한다. 이때 대마도의 1만 병사들은 중과부적으로 패하여 전원 목숨을 잃었다. 특히 당시 도주는 67세의 노장이었으며 전쟁 후 목과 몸이 다로 발견되어 그 싸움의 치열함을 알 수 있었다 한다.

숨진 사람들의 영혼을 달래기 위해 코모다하마 신사에서는 전사한 병사들의 위패를 받들고 있으며 매년 11월에 위령제를 지낸다. 동경의 야스쿠니 신사와 함께 일본에서 두 곳밖에 없는 군인을 모신 신사다.

③ 와타츠미 신사

토요타마 쵸의 상징인 이 신사는 히코호호 데미노미코토와 토요타마 히메를

와타츠미 신사 안내 입석

제사지내는 해궁이며 바다신을 모신 신사로는 가장 오래된 신사이며 가야의 김수로왕의 자손이 대마도로 건너와 세웠다는 설과 장보고 장군의 소가(小家)였다는 설 등이 전해지고 있다. 본전 정면의 바다 속에 서 있는 토리이(신사 문)는 만조 시 2m 정도 바다 속으로 가라 앉아 파도가 잔잔한 아소만과 어우러져 신화의 세계를 연상케 한다. 신사 뒤로 돌아가면 토요타마히메(豊玉姬)의 석관묘가 외롭게 서 있고 주위엔 울창한 숲과 산책로가 잘 정비되어 있다.

이곳의 지명은 토요타마쵸라 불리는데 바로 토요타마히메의 이름에서 따온 것이라 한다. 대마도에서 아주 귀한 수백 년 묵은 해송(海松)이 신전 뜰에 심어져 있다. 근처에는 신화촌 자연 공원이 있어 숙박이 가능하다.

④ 국분사

1811년 역지빙례(易地聘禮) 정책에 의하여 대마도에서 통신사의 총빙예식이 진행되게 되었다. 이때 통신사의 거처를 만들기 위하여 일본 조정에서 내린 하사금으로 건립된 사찰이다.

국분사. 이즈하라마치 지정 유형문화재 건조물
1811년 조선통신시의 초빙예식이 쓰시마에서 거행되었다. 그 당시 방문객의 숙소가 되었던 곳(객관은 메이지 시대때 해체되었다).
1807년 건립된 산문은 옛모습 그대로 남아있다. 쓰시마 유일의 네기둥 문.

⑤ 미네 역사 자료관

미네 쵸에는 약 3천 년 전부터 근세에 이르기까지 중요한 유적들이 곳곳에 산재해 있으며 그 시대의 문화유산들을 엿볼 수 있는 자료들이 많이 남아있다. 이를 수집하고 미네 쵸 만의 향토자료를 보존한 미네역사자료관에서는 대마도 사람들의 생활상을 느낄 수 있다. 또한 한국으로부터의 문화 전래 상황을 한눈에 볼 수 있고 흡사 우리나라의 박물관에 온 듯한 착각이 들기도 하는 곳이다.

2) 비석
① 성신지교린비(誠信之交隣)

아메노모리호슈(1668~1755) 선생이 주창한 "성신지교린"은 나라와 나라사이의 교역은 성실과 신뢰를 바탕으로 서로 대등한 관계에서 시작해야 한다는 내용이다.

아메노모리호슈 선생은 1689년 쓰시마번에 임관하여 조선과의 외교를 담당하였고 동문인 아리아 하쿠세키가 도쿠가와 장군을 일본의 국왕으로 표현한 것을 비난한 왕호사건으로 유명하다. 특히 부산 왜관에 와서 3년간 조선어를 공부하고 대마도로 돌아가 1727년 3년 과정의 "조선어학교"를 개소할 정도로 조선과 유학을 숭배하였으며 그로 인해 일본 최초로 한글 교습소가 대마도에서 생겨나기도 하였다.

조선국 통신사비

조선국 통신사비 해설문

② 조선통신사 비

1697~1811(210년)동안 12회에 걸쳐 일본을 방문한 조선 통신사를 기리기 위해 세워두었다. 대마도에는 이곳 외에 수많은 조선통신사의 흔적을 찾아볼 수 있다.

조선통신사 일행은 300~500명 정도의 인원이었으며 조선의 앞선 문화로 인해 일본인들에게는 하나의 "문화적 충격"을 가져다주었고 당시 통신사 일행을 구경하기 위한 인파를 "누에"와 비교할 정도이니 그 광경을 짐작할 만하다

1811년 일본의 역지빙례(易地聘禮) - 외국의 사신은 본국의 중심부로 들이지 않고 그 나라와의 접경지역에서 예를 다함 - 정책에 의하여 12차 통신사 일행은 대마도에서 머물다 귀국하게 되었고 이때부터 통신사의 왕래는 끊기고 말았다. 통신사는 원래 막부 장군의 장군직 계승 등을 축하하기 위한 사절단의 임무였으나 차츰 국서교환 등의 임무가 주어지게 되었다.

12회에 걸쳐 일본을 방문한 사절단 (조선통신사) 의 방문으로 이루어진 활발했던 교류와 우호적인 관계를 21세기 한·일 우호의 지향점으로 삼고자 비를 세웠다. 매년 8월에 열리는 축제 「쓰시마 아리랑 마쯔리」에는 조선통신사행렬이 재현되고 있다.

③ 학봉 김성일 선생 시비(鶴峯 金誠一 先生 詩碑)

김성일 선생 1538(중종 33)~1593(선조 26).

본관은 의성이며 영남의 대 유학자라 일컬어진다. 자는 사순(士純), 호는 학봉(鶴峯)이다.

조선 선조 대왕이 왜국의 동태를 파악하기 위하여 황윤길과 함께

조선통신사 김성일 시비

통신사로 파견하였다. 돌아와 조정에 보고하기를 필히 왜의 침입이 있을 것이라는 황윤길의 의견과 반대의견을 보고하여 당시 동인과 서인의 세력 갈등의 상황에서 우위였던 동인 세력인 김성일의 의견이 채택되었다. 같은 동인이었던 유성룡 선생과의 교분이 깊어 임진왜란이 발발하여 선조대왕의 처벌의지에도 유성룡 선생이 적극 변호하였다 전해진다.

임진왜란 당시 초유사로 종군하다 병사하였다. 서산사 뒤 산 기슭에 원래의 시비가 현소 스님의 부도탑과 함께 나란히 서 있으며 경내에 있는 시비는 의성 김씨 문중에서 설립하였다.

④ 현소 스님 석탑

현소 스님은 하카다(博多) 세이후쿠사(聖福寺)에서 승려생활을 시작하였다. 도요토미 히데요시(豊臣秀吉, 풍신수길)의 부름을 받고 그의 수하 승려가 되어 1588년(선조 21년)부터 조선에 드나들며 자

국의 내부사정을 설명하고, 일본과 우호관계를 맺고 통신사를 파견하라고 요청하였다.

　1590년 정사 화윤길, 부사 김성일, 서장관 허성(許筬) 등의 통신사 일행이 풍신수길의 저의를 살피기 위하여 일본으로 갈 때 동행했으며, 이듬해 다시 입국하여 조선의 국정을 살피고 도요토미의 명나라 침공을 위한 교섭활동을 하였다.

　그러나 조선의 조정은 이를 받아들일 수 없는 상황이었고 결국 1592년 임진왜란이 일어나자 고니시 유키나카(小西行長, 소서행장)가 이끄는 선봉군에 국사(國使)와 역관 자격으로 종군하였다. 이후 임진강을 사이에 두고 조선과 명나라의 연합군과 대치할 때 고나시(소서행장)의 제의로 이루어진 중추부 동지사(中樞府同知事) 이덕형 등과 강화회담에 <야나가와 초신>과 함께 일본의 전시외교 활동에 종사하였다.

　서산사 뒤 산기슭에 스님의 부도탑이 안치되어 있고 김성일 선생의 시비도 나란히 서 있다.

3) 명물
　① 한국전망대

　일본본토보다 가까운, 불과 49.5km의 대마도가 있다. 날씨가 좋은 가을과 겨울에는 센뵤마키산 또는 상대마정(町)

한국전망대

쓰시마내 가장 북쪽의 마을 카미쯔시마쵸에 위치한 한국 전망대는 한국의 이지를 담아 만든 팔각정 건축물로 계획단계부터 완성까지 한국산 재료를 구입, 전문가 초빙 등 철저히 한국풍을 고집했다. 날씨가 좋은 날에는 부산의 윤곽을 육안으로 뚜렷히 볼 수 있어 그야말로 '국경의 섬'임을 실감케 한다.

에보시타케 전망대는 표고176m에 있다. 사방을 계절따라 다르게 나타나는 모습을 볼 수 있다.

의 한국 전망대에서 거제도와 부산시의 윤곽을 흐릿하게나마 볼 수가 있고 특히 부산 야경은 사진 등으로 자주 소개가 되어 꽤 낯익은 풍경이 되어버린지 오래다.

② 에보시타케 전망대

아소 만을 360도로 둘러볼 수 있는 유일한 전망대이며 깎아지른 듯 한 산과 푸른 바다가 절묘하게 펼쳐진 익곡의 조화는 그야말로 최고의 비경이다. 이곳에서 운이 좋으면 한국 휴대폰이 터지기도 하는데 차에서 내려 60m 정도를 걸어 올라가면 된다.

에보시다케 전망대에서 본 주변

③ 금전성(金田城, 카네타노키산성)

신라의 일본진출을 막기위해 667년에 축조되었다고 전해지고 있으며 나가사키현 내의 유일한 국가지정특별사적이다. 성문과 수문의 흔적이 남아 있는 조선식 산성으로 절벽에 높이 2~3m, 길이 5.4km

의 성벽 흔적이 멀리서도 보인다.

④ 만제키 바시
(萬關橋, 만관교)

이 다리는 일본이 자랑하는 러일전쟁 승리의 원동력이 되었던 "쓰시마 해전"의 대승

만제키 다리. 상하 대마를 연결한다.

을 가져다준 아주 의미 있는 다리이다. 일본과 러시아의 전쟁의 틈바구니에는 조선의 러일 전쟁의 기록을 살펴보면, 1904년 2월 4일 일본은 대(對) 러시아 개전(開戰), 국교단절을 결정하고, 8일에는 육군 선발대가 한국의 인천에 상륙하여 서울로 향하고, 한편 뤼순의 러시아 함대를 공격함으로써 전쟁이 시작되어 10일 러·일 양국으로부터 선전포고되었다. 서전에서 일본군은 한국을 제압하고 한국에 한일의정서(韓日議定書)를 강요해 유리한 전략체제를 확립하였다.

4월 하순 한국에 상륙, 북상한 일본 제1군은 5월 초 압록강 연안에서 러시아군과 충돌하여 격파했고, 같은 달 랴오둥반도(요동반도)에 상륙한 제2군은 난산(南山)·다롄(大連)을 점령하고 뤼순을 고립시켰다. 다시 6월에는 만주군 일본총사령부를 설치하고 15개 사단을 동원하였다. 8월 랴오양(遼陽) 부근에서 양국군이 첫 번째 대규모적인 접전을 벌였고, 10월의 사허후리전투(沙河會전투), 1905년 1월의 헤이거우타이전(黑溝臺戰)등의 전투에서 일본군은 고전 끝에 모두 승리하였다.

한편 뤼순의 러시아 함대는 블라디보스톡으로 탈출을 꾀하였으나,

8월 황해에서 일본 해군의 총공격을 받고 항구 안에 봉쇄당하였다. 뤼순 공략을 맡은 노기 마레스케의 제3군은 여러 차례에 걸친 203고지 공격으로 많은 손실을 보았지만 1905년 1월 드디어 공략에 성공하였다. 유럽으로부터 지원군을 얻은 크로파트킹 지휘하의 러시아군 32만과 오야마이와오가 이끄는 일본군 25만은 3월에 펑톈에서 회전(會戰), 러시아군이 패퇴하였으나 일본군도 사상자가 7만에 이르는 큰 손실을 보았다. 한편 러시아는 육전(陸戰)에서의 패배를 해전에서 대해전을 전개하였으나, 도고 헤이하치로(東響平八郞)가 이끄는 일본 연합함대에 격파되어 전멸하였다.

도고 헤이하치로 제독은 대마도 아소만에 밀 함정을 대기시켜 발틱함대가 지나가기만을 기다렸으며 시간이 촉박한 발틱함대가 최단거리인 쓰시마를 통과하게 되자 이를 기습 공격하여 대승을 거둔 것이다. 만제끼다리는 대마도에 건설된 인공적인 운하 위에 설치한 다리로서 1904년 완공되어 현재의 모습으로 총 3회에 걸쳐 보수공사를 하였다. 지금의 다리는 처음보다 약 10m 정도 이동된 자리이며 주민들이 배를 운항할 때 섬을 한 바퀴 돌아가는 불편함을 없애고 군함의 출입도 자유롭게 할 수 있도록 만든 다리이다. 수심 4.5~5.1m, 폭 40~65m, 길이 210m

⑤ 만송원(万松院, 반쇼인) 대마도번주 종가(소우케)묘소

종가 19대 의지(義智, 요시토시)의 명복을 빌기 위해 20대 의성(義成, 요시나리)가 1615년에 창건한 송음사(松音寺)를 1622년 의지의 법호를 따서 만송원이라 개칭하였다. 만송원이라고 불려지는 돌계단을 올라가면 역대 도주들의 묘석이 장엄하게 줄지어 있고, 특히 조선통신사 관련유물 및 덕천(德川, 도쿠가와) 역대장군들의 위패가

만송원(万松院)

종가 20대 요시나라가 아버지 오새토모의 명복을 빌며 1615년에 건립. 이후 종가 일문의 보리사로서 특별한 존경을 받아오고 있습니다. 산문은 모모야마양식입니다. 석단, 장대한 묘비, 커다란 삼나무, 도쿠가와 역대 장군의 위패, 조선관계자료 등 볼거리가 많습니다.

있는 일본 3대묘지 중의 하나이며 국가지정 사적이다.

⑥ 러시아 유적

국경의 섬 쓰시마는 예로부터 중국·한국(조선)과의 역사적인 관계로 유명하지만 시대의 커다란 변천기였던 막부말부터 메이지기에 러시아와의 사이에서 세계사적인 관계가 일어나고 있었다. 1861년 2월부터 아소만의 이모나키우라(芋岐浦)에 체제로 발전해 이곳 주민 2명이 희생되는 사건과 러일 전쟁에 마지막을 결정지은 "쓰시마 해전"이다.

해전에서 패한 발틱함대의 함장과 상륙한 병사를 극진히 간호한 쓰시마의 사람들은 "전쟁은 전쟁이고 다친 사람이 있으면 도우는 게 당연하다."고 인도적으로 대하였다.

이러한 행동은 100년을 맞이하는 오늘날 "마음의 유산"으로 전해지고 있다. 쓰시마 해전 100주년을 맞이하는 2005년에는 러일 우호를 위한 각종 사업이 있었다.

⑦ 이시야네(石屋根, 석옥근)

시이네 지방에는 지금도 돌로 지붕을 쌓은 고상식 건물인 이시야

네(돌지붕)가 보존되어 있는데 강풍과 화재를 대비하여 지붕을 널빤지 모양의 자연석으로 올렸으며 창고로 이용되었다. 지금은 몇 개 정도 밖에 남아있지 않으며, 일본에서는 대마도에서만 볼 수 있는 진귀한 건축물이다.

석옥근
일본에서는 쓰시마에서만 볼 수 있는 진귀한 건축물로, 널빤지 모양의 돌로 지붕을 쌓아올린 고상식 창고입니다.

4) 공원
① 야우모도시 자연공원

아유모도시 자연공원
수려한 자연경관을 그대로 살린 공원으로 강 전체가 천년 화강암으로 덮혀진 일본 전국에서도 진귀한 곳이며 구름다리, 산책로, 놀이기구, 캠프장시설 등이 갖추어져 있다.

은어가 돌아온다는 계곡으로 수려한 자연경관을 그대로 살린 공원이다. 강 전체가 천연 화강암으로 덮여진 일본 전국에서도 진귀한 곳이며 구름다리, 산책로, 놀이기구, 캠프장시설 등이 갖추어져 있다. 약 26ha의 대자연경관을 살린 자연공원이다.

② 쯔즈자키 해상공원

대마도 여행의 백미라 할 수 있다. 대마도 최남단에 위치하고 있으며, 그 장엄한 광경은 보는 이의 탄성이 절로 나게 한다. 특히 걸어가며 한국 휴대폰으로 전화를 할 수 있어 여기저기로 전화하는 한국 관광객의 모습을 보는 것도 이채롭다.

해안을 따라 돌아가면 2차 대전 당시 화약고로 이용했던 시설물이 아직 남아 있다.

5) 쓰시마의 산

① 시라타케(白嶽, 백악)

석영반암의 쌍이봉에서 대륙계의 식물군이 피는 쓰시마의 랜드마크로 해발 519m.

산 정상에서의 360도 조망은 웅대하고, 북쪽으로 쓰시마 북부의 어

시리타케 야마

악(御岳, 미타케)를 비롯한 산들, 날씨가 좋을 때에는 한국의 산들이, 그리고 눈 아래 펼쳐지는 아소만의 조망은 멋지다는 한 마디.

서쪽에서 동쪽으로 실림산(야다치산)·유명산(아리아케산) 등의 남부의 산들을 바라본다. 정상은 석영반암의 거대한 암석이 2개(동북을 암컷돌, 남서를 수컷돌)이 기립. 산행가능. 예부터 영산으로서 신앙받으며, 원시림(국정 천연기념물)이 남아있다.

시라타케의 식물상은 대륙계와 일본계의 혼생지로서 매우 귀중한 존재이다. 교목으로 구실잣밤나무, 붉가시나무, 참가시나무, 일본전

나무, 섬잣나무, 당단풍, 노각나무(비단나무), 감탕나무, 느릅나무, 굴참나무, 푸조나무 이고, 저목층에 단풍딸기, 소사나무(산서어나무), 길미가재나무, 산조팝나무, 진달래, 산철쭉(개죽나무) 등이 보인다. 초본류로 근개현삼, 각시취, 백운취, 남산제비꽃, 난류에는 흑난초, 석곡, 거미난, 비자란, 병아리난초, 금새우란, 양치류에 꿩고사리, 일엽아재비, 꼬리고사리, 애기지네고사리 등이 있다.

②아리야케야마(有明山, 유명산)

아리아케 야마
해발 513.3m인 쓰시마를 대표하는 산으로 일본계와 대륙계 식물의 혼생 원시림. 산 정상에는 거대한 석영반암이 얼굴을 내밀고 있는 영산이다.

등산로를 따라 식물을 관찰하며 초원의 정상에 오른다. 하산할 때는 임진왜란 때 쌓은 시미즈(淸水) 산성터를 둘러보며, 자연관찰을 한다. 해발 558.2m.

예부터 쓰시마 고래로서 만엽집에도 읊어진 명산이다. 북쪽에서 동쪽으로 시라타케를 비롯한 쓰시마 북부의 이어진 산들을 바라보며, 북서쪽으로 대한해협이 펼쳐진다. 남쪽에서 서쪽으로 야타테산과 부이시단산의 수려한 산들이 눈앞에 우뚝 솟아, 날씨가 좋은 날에는 쓰시마 해협의 저편에서 이끼섬의 그림자를 바라 볼 수 있다. 등산로에는 시미즈산(210m)이 있고, 임진왜란 때 축성된 외성·시미즈산성(국정 지정 사적)의 석단이 남아있다.

쓰시마에서는 드물게도 정상에는 초원을 이루고 있지만, 팔부 정도까지 자연림을 남기고 있다.

아리야케야마의 식물상은 상록광엽수로는 구실잣밤나무, 붉가시나무, 참가시나무, 동백나무, 조록나무, 후박나무가 있고 낙엽광엽수로는 벚꽃나무, 자귀나무, 팥배나무, 당단풍, 굴피나무, 천선과나무, 저목층에는 식나무, 사스레피나무, 팔손이, 호자나무, 꽝꽝나무, 패팻지바무, 비쭈기나무가 있다. 초본류에는 털 사철난, 여름사우란, 남산제비꽃, 애기나리, 덩굴용담, 착생란에는 콩짜개난, 흑난초, 차걸이난을 볼 수 있다.

③ 다테라야마(龍良山, 용량산)

수령 200년이 넘는 거목의 원시림 속에서 수풀 속의 하층 식물이 관찰 가능하고 삼림의 생태계와 기능을 배우며 "풍광명비"의 정상을 이룬다. 해발 558.5m.

다테라 야마

예부터 신산(神山)으로 조엽수림의 원생림이 광범위하게 남아있다. 국정 천연기념물이다. 낮은 곳의 원림에는 구실잣밤나무 등의 거대한 나무가 다수자라고 있어 학술적으로도 귀중하다.

정상에서 북으로 야타테산, 아리아케산 등 산들이 이어져있어 눈 아래 펼쳐진 내산의 산촌 풍경을 즐길 수 있다. 북 서쪽으로 대한해협, 남쪽섬에 쓰시마 해협의 대해원이 펼쳐져 있고, 날씨가 좋을 때는 이키섬이 보인다.

일본에서도 유수의 조엽수 원시림이 광범위하게 형성되어 있다. 상록광엽수로 구실잣밤나무, 붉가시나무, 참가시나무, 조록나무, 후박나무, 생달나무, 붓순나무, 비쭈기나무, 후피향나무, 동백나무, 황칠나무 등이 자라며, 낙엽광렵수로는 느티나무, 서어나무, 가막살나무, 당단풍, 겹산철쭉, 침엽수로 일본전나무, 비자나무, 개비자나무, 저목층에는 만념콩, 백량금, 식나무, 자생란에 한란, 털사철난, 금새우난초, 여름새우란, 초본류에는 큰천남성, 만년청, 개도둑놈의 갈고리, 죽절인삼 등이 있다.

제8장 인용 및 참고문헌

1. 이훈, 대마도, 역사를 따라 걷다, 역사공간, 2005
2. 인재환, 대마도 우리 역사 답사기, 한림출판사, 1998
3. 임채청, 간도에서 대마도까지, 동아일보사, 2005

제9장 일본과 중국 및 러시아 영토분쟁

1. 일본의 주변국과 영유권 논쟁

일본의 주변 도서 영유권 문제로는, 한국과 대립하고 있는 독도문제 이외에도, 러시아와의 북방 4도 문제[1], 중국과의 조어도(釣魚島) 문제[2] 등이 있다. 위의 두 경우와 비교해서 독도/다께시마(竹島) 문제는 일본 국민에게는 가장 잘 알려져 있지 아니한 편이다. 잘 알려져 있지 않기 때문에 소수의 우익 인사를 제외하고는 이 섬이 어느 쪽 땅이든 일반 국민의 관심은 아주 희박하다. 그러나 소수의 일본 전문가 층에서는 이 독도에 대한 일본 정부의 영유권 주장이 '근거가 희박하고 무리한 것'이라는 것을 잘 알고 있다.

세계 2차 대전 전에 탈취한 영토들에 대한 문제는 대부분 해결되었다. 그 결과가 구체적으로 다음과 같이 나타났다. 우선 대만은 1945년 10월 25일에 정식으로 중화민국의 영토로 환원됐다. 이어 남(南) 가라후토(樺太 : 사할린 Sakhalin) 및 쿠릴열도(千島列島 : Kuril)는 1945년 9월 20일에 소련이 이미 영토로 확보한 북(北) 가라후토와 함께 소련방을 구성하는 하나의 주로서 사할린 주라는 이름으로 러시아에 편입됐다. 이어 적도(赤度) 이상의 태평양 제도(諸島)는 1947년 4월 2일에 미국에 의한 신탁통치협정이 국제연합 안전보장 이사회에서 승인됨으로써 미국이 신탁통치하는 지역으로 결정됐다.

2. 센카쿠열도(Senkaku Is.) 문제

1)조어도의 현황

　일본은 중국과는 센카쿠열도(중국명 댜오위다오, 釣魚島)의 영유권을 두고 분쟁을 벌이고 있다.

　센카쿠열도는 중국 대륙과 대만, 오키나와 사이에 있다. 1997년 11월 영유권을 보류하고 체결된 중·일 어업협정으로 논란이 잦아드는 듯 보였지만, 2000년대에 접어들어 일본의 우익단체들이 등대를 설치하고 이에 항의해서 중국과 대만의 강경 민족주의 단체들이 섬에 상륙해 시위를 벌이는 사건이 계속 일어나면서 갈등이 재발하고 '국제적인 화제'가 되고 있다.

　2차 세계 대전 후 '일본은 강점한 영토를 돌려주어야 한다.'는 포츠담선언을 일본이 받아들였음에도 불구하고 1951년 미국과 체결한 샌프란시스코강화조약이 센카쿠열도를 일본의 영토에 포함시킴으로써 논란의 불씨가 되었다. 그러나 중국이 전후 센카쿠열도에 대해 그다지 관심을 기울지 않았던 것도 사실이다. 그러다가 1960년대 말 국제연합(UN)의 지원 하에 실시된 해저 학술조사에서 센카쿠열도 인근에 막대한 양의 석유가 매장되어 있을 가능성이 제기되면서 중국과 일본 양국 간 영유권 분쟁이 불붙게 되었다. 바로 이러한 이유로 일본은 시모노세키조약이라는 국제조약을 통해 '정당하게' 할양받았고, 그 이후 실효지배를 해왔기 때문에 센카쿠열도에 대한 중국 측의 영유권 주장은 해양자원을 노린 터무니없는 논리라는 것이다.

　2차 세계 대전 후 센카쿠열도는 오키나와와 함께 미군에 관할권이 이양되었다가, 1972년 오키나와가 일본으로 반환될 때 같이 일본으로 반환되면서 중국과 일본 간의 영토 분쟁이 본격화되었다. 독도 문제로 인해 우리의 시야에는 들어오지 않았지만, 최근 들어 센카쿠 열도를 둘러싼 분쟁도 본격화될 조짐을 보이고 있다.

2005년 3월 4일자 〈아사히신문〉의 보도에 따르면, 일본정부는 주변 해역에서의 영유권 분쟁이나 자원전쟁 등에 대한 대응능력을 강화하기 위해 관계부처 연락회의를 설치하기로 했다고 한다. 독도 문제는 한국에 양보해 버리자는 일본의 양심가들의 비판의 목소리도 있음을 밝혔다. 또한 3월 15일자 〈도교신문〉은 일본 방위청이 중국에 대한 경계를 강화시키기 위해 센카쿠열도와 근접해 있는 오키나와현의 섬에 자위대를 주둔시키는 방안을 검토 중이라고 보도하기도 했다. 이 경우 일본은 분쟁 지역 최전방에 '군대'를 배치하게 된다. 이 지역의 마찰이 악화된다면 우리로서도 곤란한 상황이 발생한다. 이 지역은 중국과 대만이 동남아시아 국가들과 분쟁을 벌이고 있는 남사군도와 함께 중요한 해로(海路)에 위치하고 있기 때문이다. 일본의 조어도(釣魚島) 편입에 대한 중국의 반일 감정이 노골화 되어 가고 있다. 중국 대학생들이 베이징에서 대규모 반일집회를 열기도 하고, 인터넷을 통해 조직적으로 집회계획과 행동강령을 알리며 네티즌의 참여를 독려했다. 베이징의 대학생들은 중국 최대의 메신저 'QQ 메신저' 등을 통해 관련소식은 알리고 있는데, 이에 따르면 '중관촌 하이룽의 반일시위에 뜻있는 중국인은 플랜카드를 만들어 참가하기 바란다.'고 촉구한 바 있다.

대만은 자국 어민 보호를 이유로 정치인들까지 탑승한 군함을 댜오위다오 인근 해역으로 출동 시켰다. 돈독한 우호 관계를 유지해 온 일본과의 관계를 감안해 영유권 분쟁과 관련된 주장을 일절 자제해 온 이전의 태도와는 판이하게 달라진 모습이다. 이는 야당·어민들의 반발을 더 이상 외면할 수 없었기 때문이다. 센카쿠열도는 현재 일본이 실효 지배하고 있다. 대만 입법원과 국방부장, 여야 의원 14명은 21일 해군호에 몸을 실었다. 대만 어민들이 일본 순시정에 나포되거나 쫓겨나곤 했던 댜오위다오 해역으로 출동하기 위해서였다. 대만 해군은 10여 척의 군함과 순시선, F-16 전투기를 배치해 일본 측과의 무력 충돌 가능성에 대비했다. 이들 일행은 대만 동북부 쑤야오항을 떠나 수야오·댜오위다오 간 중간선을 넘어섰다. 이들은 함정 위에서 "국가주권을 지키자!", "중화민국 만세" 등을 외치며 국기인 청천백일기를 흔들었다. 대만 어민들은 "정부가 어업권을 보호해 주지 못한다면 중국의 오성홍기(五星紅旗)를 내걸고라도 조업을 계속할 것"이라고 말했다. 최근 대만 어선을 일본 해군이 나포된 이후 어민들의 반발은 더욱 거세졌다. 여기에 일부 정치인이 호응했다. 일본 측은 무대응으로 일관했다. 섣부른 무력 대응이 대만은 물론 중국까지 자극할 수 있다고 판단했기 때문이다. 중국은 내심 흐뭇한 표정이다. 이번 사태를 계기로 대만과 일본 간의 틈새를 최대한 벌릴 수 있다는 계산을 갖고 있다. 대만 독립 단체의 한 관계자는 "중국은 대만합병 - 일본반대 - 미국견제의 3중 정략을 구사하고 있다."고 분석했다.

2) 조어도(釣魚島)의 역사

조어도(중국명 댜오위다오, 일본명 센카쿠제도)는 대만 동북부 190km이며, 일본 오키나와 남서부 400km 중국대륙에서 동쪽으로 약 350km 지점에 위치한 무인 군도로써, 5개의 섬과 3개의 암초로 구성되어 있다. 면적은 전부 6.3km²에 불과하다.

일본은 1895년 청일전쟁 후에 체결된 「시모노세키조약」에서 중국으로부터 대만과 이 섬들을 할양받아 오키나와현에 편입시켰다. 즉 전리품(손해배상)으로 할양받았다. 그 후 2차 세계대전 후(1945년) 맥아더 사령부의 Scapin(맥아더 사령부의 고시)에서는 이 섬이 일본의 영토에서 제외되었으나, 1951년의 「샌프란시스코 강화협정」(미·일간의 전쟁 종말 조약)에서는 조어도를 다시 일본 영토에 포함시켰다. 일본이 '국제법으로 또한, 역사적으로 일본 영토'라고 주장하는 근거가 여기에 있다. 반면, 중국과 대만은 '무력에 의한 영토 약탈은 국제법상 무효'라고 반박하고 있다. 중국 측은 일본이 1884년 이 섬(조어도)을 발견했다는 주장에 대해 1534년 중국이 더 먼저 발견했다고 주장한다. 특히 중국이 영유권 주장은 1968년, 이 지역에서 다량의 석유자원이 확인되면서 본격화 되었다. 반면 일본은 이들 섬을 실효적으로 점유하면서 주변해역에서 석유 시추 작업을 하는 등 영토권을 행사해왔다. 중국과 대만은 2백 해리 결제 수역 설정과 관련, 일본 정부가 우익 단체를 앞세워 해저자원을 선점하려 하고 있다고 비난하고 있다. 그러나 중국 정부는 경제관계, 특히 중국의 세계무역기구(WTO) 가입에 일본의 지지가 필요하다는 점 때문에 적극 대응을 피하였다. 센카쿠(尖閣, 중국명 댜오위아오) 열도에는 일본인 18명, 배타적 경제수역(EEZ) 설정을 놓고 중국과 갈등을 빚고 있는 최남단 바위섬 오키노도리(沖의島)에는 122명이 각각 본적을 두고 있는 것으로 나타났다.

3) 자원 문제

1960년대 말 이후 불거진 영유권 분쟁은 단순히 양국 민족의 감정 싸움만은 아니다. 1969년 유엔 아시아·극동경제위원회가 이 부근 해저에 석유 등 자원이 대량 매장됐을 가능성을 제기했다. 센카쿠열도를 비롯한 동중국해의 석유와 가스 매장량은 흑해(黑海) 유전과 비슷한 72억t 으로 추정된다.

1992년까지만 해도 석유 수출국이던 중국은 현재 세계 제2의 석유 수입국이다. 2020년경에는 매년 약 2억~3억t의 석유를 수입해야 할 것으로 보인다. 에너지 소비 대국이면서 부존자원이 부족한 일본도 자원 확보에 사활을 걸 수밖에 없다.

일본과 중국은 각자 센카쿠를 자신의 땅으로 간주한 배타적 경제수역(EEZ)을 주장하면서 자원 탐사 활동을 벌여왔다.

2003년 5월 중국 조사선이 센카쿠 부근 바다에 해양 조사용 와이어(선)를 늘어뜨리는 장면이 목격됐다. 일본은 "중국이 일본의 EEZ 내에서 해양조사 활동을 하려면 사전에 통보키로 한 2002년 합의를 어겼다."고 비난했다. 이에 대해 중국은 "중국의 영토, 영해에 가는데 일본에 통보할 필요가 없다."고 반박했다. 일본 외무성은 2004년 들어 5월까지 중국 조사선이 일본 EEZ내에서 무려 17차례나 탐사 활동을 했다고 주장하고 있다.

일본도 2004년 8월 중국의 경고를 무시하고 동중국해 가스전을 탐사하기 위해 독자적인 자원조사선을 출항시켰다. 탐사지역은 일본이 주장하는 EEZ 경계지역을 따라 일본 쪽으로 30km 길이 200km 남짓한 범위. 일본도 언론에 따르면 중국해군 소속 함정들이 이 일본 탐사선의 진로를 방해해 충돌 일보 직전까지 간 것으로 알려졌다.

일본정부는 중국 측의 접근을 막기 위해 조만간 1000t급의 신형 순시선을 투입할 태세다.

중국은 이 섬들을 일본보다 먼저 발견했다는 사실을 우선 근거로 든다. 1372년 이 지역을 항해해 조사했다는 기록이 있다. 또 1785년 일본에서 발간된 지도에 이곳이 중국과 같은 색으로 표시돼 있다는 점을 들어, 중국의 영유권을 일본도 인정해 왔다고 주장한다. 청일전쟁에서 승리한 일본은 1895년 시모노세키조약으로 대만과 그 부속 도서를 할양받았다. 중국은 센카쿠가 '대만의 부속도서'에 해당한다고 보고 있다. 2차 대전 후 맺어진 카이로 포츠담회담은 일본이 '대만과 부속 도서'를 중국에 돌려주도록 했으므로 센카쿠도 당연히 졸려줘야 한다는 입장이다.

일본은 1887년과 1892년 정부 차원의 공식 조사 결과, 중국의 소유권이 미친다는 증거가 전혀 없는 무인도였다고 주장한다. 일본정부는 1895년 1월에 이곳이 일본 땅이라는 표석을 세우기로 결정했다. 즉 시모노세키조약(1895년 4월) 체결 이전에 이미 일본 영토였으며 돌려줘야 할 대만의 부속 도서가 아니라는 입장이다. 또 1895년 이후 지속적으로 일본이 영유권을 행사해왔다고 주장한다. 센카쿠에 기상사무소를 세우고 1972년 미국이 일본에 센카쿠를 돌려준 이래 자위대 정찰 등 주권 활동을 벌여 왔다는 것이다.

【센카쿠열도(댜오위다오) 분쟁 일지】

1895년	·일본, 센카쿠열도가 일본 영토라는 표석 세움
1951년	·미일 강화조약 체결로 센카쿠열도가 미국으로 이양
1972년	·미국, 센카쿠열도를 일본에 돌려 줌 - 이후 현재까지 일본이 실효지배 중 ·중일 외교 관계 수립, 그러나 이 지역 문제는 보류
1995년	·중국 해양조사선, 부근 해역 자원탐사 실시 ·중국 공군기 2대 인근 해역 접근, 일본 자위대 F-15 2대 발진

1996년	· 일본 우익단체 일본청년사 회원 7명 등대 설치 · 중국, 북서쪽 해역에서 군사훈련 실시
1997년	· 일본 우익 중의원의원 4명 센카쿠열도 상륙 · 홍콩 선박 '댜오위다오'와 일본 순시선 충돌 · 중일 신어업협정 체결, 그러나 이 지역 영유권 문제는 또 보류
2000년	· 일본청년사가 신사(神祠)로 보이는 조형물을 세움
2004년	· '중국 민간 댜오위다오 방위연합회' 소속회원 7명 센카쿠열도 상륙 · 조업 중이던 중국 어선과 일본 순시선 충돌 · 중국 조사선 해역 탐사 활동 독일 일본, 노르웨이 탐사선 이용해 탐사활동

3. 북방의 네 개의 섬

1) 위치와 영유권

일본이 주변국과의 영토분쟁에서 북해도(홋카이도) 동쪽 오호츠크해에 나란히 늘어서 있는 북방 4개 섬 문제는 전후 일본의 최대 관심사였다.

일본의 거리에서 '북방 영토 즉시 반환하라'는 현수막을 내건 우익단체들의 방송차량을 보는 것은 어렵지 않다. 북방 4개 섬에 관한 일본의 일반시민들도 2차 세계대전이 끝난 직후 소련의 무력으로 빼앗았다는 정서가 일반적이다.

북방 4개의 섬 문제란 홋카이도(Hokkaido)와 캄차카반도 사이에 있는 쿠릴열도 남단의 하보마이(Habomai), 시코탄(Shikotan), 에토로후(Iturup), 쿠나시리(Kunashir) 등에 대한 영유권 문제이다. 4개의 섬 총 면적은 5,036㎢이다. 오키나와의 4배 정도로 인구는 약 2만명 정도이다.

　일본은 이 4개의 섬이 홋카이도에 속한 일본 영토이기 때문에 모두 돌려달라고 요구하고 있다. 그러나 러시아는 이 중에서 하보마이와 시코탄은 돌려줄 수 있지만 애토로후와 쿠나시리는 원래 투릴열도에 속하기 때문에 돌려줄 수 없다는 입장을 취하고 있다.

　'북방영토'의 역사는 17~18세기 까지 거슬러 올라간다. 쿠릴열도와 사할린은 원래 아이누족이 살고 있던 곳이다. 당시 동진 정책을 추진하고 있던 러시아와 홋카이도를 넘어 북상하고 있던 일본이 이 곳을 양국이 서로 넘보기 시작했다. 아이누족의 의사와는 상관없이 러시아와 일본은 1855년과 1875년 두 번에 걸쳐 조약을 체결하였다. 1855년에는 쿠릴열도 남단 4개의 섬인 애토로후, 쿠나시리, 시코탄, 하보마이를 일본이 갖고, 쿠릴(Kuril)열도 북부는 러시아가 갖는 대신 사할린은 공동관할로 했다. 그러다가 1875년에는 사할린을 러시아가 그리고 쿠릴열도는 일본이 갖기로 결정한다. 그러나 1905년 러·일 전쟁에서 승리한 일본은 북위 50도선을 경계로 사할린 남부까지 차지하게 되었다.

　1945년 일본이 전쟁에서 패하자 당시 소련은 사할린뿐만 아니라 쿠릴열도(천도열도) 남단까지 모두 무력으로 점령해 버렸다. 일제강점기 사할린으로 강제 징용되었던 조선인들이 사할린에 억류된 것은 이 시기다. 이때부터 지금까지 일본과 러시아는 '북방영토' 영유권 분쟁을 벌이고 있다. 러시아는 구소련 시절 일본과 체결한 1956년의 일・소 공동선언을 기초로 시코탄과 하보마이 반환은 받아들일 수 있다는 입장인 반면, 일본은 1945년 소련이 일본의 패전을 기해 무력을 점령했기 때문에 4개 섬 모두를 돌려줘야 한다는 주장이다. 그러나 1960년 일본이 미국과 신 안보조약을 체결하자 소련은 그 섬의 반환 약속을 이행하지 않았다. 1973년 타나카 수상이 소련을 방문하였을 때 "미해결 문제 가운데는 북방 4도문제가 포함되어 있음을 확인받고 싶다"라고 추궁하자 브레즈네프는 "다아(Yes)"라는 대답으로 영토 문제는 미결임을 확인한 바 있다. 그럼에도 불구하고 소련 측은 그 후 "일・소 간에 영토 문제는 존재하지 않는다."라는 자세를 견지하고 있었다. 일본이 4도 문제에 기대를 가지게 된 것은 고르바초프 정권이 탄생하고부터였다. 고르바초프 서기장은 세바르드나제 전 외상과 함께 종래의 "니엣(No)" 외교를 버리고 관계 개선을 위하여 긍정적인 태도를 취했다. 세바르드나제 전 외상은 1988년 12월에 일본을 방문하고 평화조약 작업부회(作業部會)를 발족시켜 영토 문제를 토의하기 시작했다. 1991년 2월 제7회 회의에 이르기까지 일본과 소련 양측은 각자의 주장을 모두 제시했으나 합의점을 찾지 못했다. 이러한 소련 대표의 경직한 태도와는 달리 소련 내에서의 의견은 백출하고 있다. 러시아 공화국의 옐친 대통령은 시간을 가지고 단계적으로 해결하자는 의견을 제시하는가 하면 프라우다지의 오프니치니토프 논설위원은 북방 4도를 UN관리로 하고 일본, 소련이 공동으로 개발하고자 제창하고자 한다. 2섬의 반환은 일본이 납득하지 않으므로 3섬을 반환하자는 3도 반환론, 4섬을 3단계로 나누어 반환하자는 의견도 나오고 있다. 최근 전 소련군 참모 총장 아트르메이프 대통령고문이 일본 언론기관과의 인터뷰에서 3도 반환 교섭에 응하라고 언명하고 있음을 고르바쵸프 대통령이

나 군부의 영향력을 갖는 인물의 발언으로서 주목을 받고 있다. 북방 4도는 옛날 일본 사람도 러시아 사람도 아닌 아이누족이 살고 있던 섬이다.

2) 전략적, 경제적 조건

이 섬들을 둘러싸고 일본과 소련이 각축을 벌이는 이유는 이들 섬의 전략적, 경제적 가치 때문이다.

첫째, 전략적인 면을 보면 제2차 세계대전 후 소련이 이들 섬을 손에 넣음으로써 군사적 요충인 오호츠크해를 완전히 소련의 영향권 안에 둘 수 있게 되었다는 점이다. 에토로후도·히토카츠부는 제2차 대전시 일본의 진주만 공격에 동원한 연합함대가 정박했던 곳이기도 하다.

둘째, 경제적인 면을 보면 이들 4개의 섬의 주변은 츠시마해류와 일본해류가 마주치는 곳으로서 세계 3대 어장의 하나로 유수한 어장이다. 어획량이 많을 뿐만 아니라 어종도 연어, 성어, 가재 등 고급 어종이다. 또한 이들 섬에는 금과 은이 나오며 온천, 호수, 그리고 풍치가 수려한 해안 관광자원이 풍부하다. 러시아에게는 이들 4개의 섬은 태평양함대가 먼 바다로 나가는 관문이자 미·일 해군의 진입을 막는 자연적 방파제라는 전략적 특수성이 있다. 또 4개의 섬 주변은 막대한 해저광물과 석유가 매장된 것으로 추정된다. 4개 섬 주민들과 사할린 주는 분리 독립까지 불사하겠다며 반환 반대를 외치고 있다.

2001년 러시아 푸틴 대통령과 일본의 모리 총리는 '2개 섬은 반환하고 남은 2개 섬은 교섭해 간다.'는 기획적인 타협에 이르기도 했었다.

그러나 이러한 타협안은 일본 내 우익과 외무부 일부 관료들, 이익 집단들의 로비에 의해 일본이 '4개 섬 일괄반환론'으로 급선회하면서 물거품이 되었다.

특히 2001년 4월 취임한 고이즈미총리는 북방영토에 지대한 관심을 표명했고, 2002년 9월에는 현지 총리로서는 처음으로 북방영토를 시찰해 러시아를 자극하기도 했다. 한때 예정되었던 푸틴대통령의 방일이 연기되는데 '북방 4개의 섬'에 대한 일본의 강경입장 때문인 것으로 보도되고 있다. 흥미로운 것은 이 문제에 관한 한 독도와 달리 일본이 국제사법재판소로 가는 것에 소극적이라는 점이다. 일각에서는 국제사법재판소로 이 문제를 가지고 가서 2개 섬 반환으로 결정될 경우 일·소 공동선언을 뒤집고 '4개 섬 일괄반환론'으로 급선회한 일본의 입장이 난처해 질 것을 우려하기 때문이라는 해석도 있다. 현재 이 문제는 2차 세계대전 당시 교전국이었던 일본과 러시아의 평화협정 체결의 핵심의제가 되어 있기도 하다. 양국은 주변 해역에서의 어로 문제 등은 상당히 실질적으로 해결해 가고 있다.

제9장의 인용 및 참고문헌
<주>
1) 북해도 북쪽에 있는 4개의 섬을 일본에서는 북방영토라고 부른다. 러시아가 관할하고 있다.
2) 중국에서는 센카쿠열도를 댜오위다오 라고 부른다. 이곳은 현재 일본이 관할하고 있다.

1. 임채청, 간도에서 대마도까지, 동아일보사, 2005
2. 차종환 외, 독도는 우리 땅인가 (근간)
3. 차종환 외, 독도 영유권 논쟁과 대책 (근간)

제10장 대마도가 우리 땅임을 나타내는 고증사료
(김화홍 저 『대마도도 한국 땅』에서 발췌 및 수정 보완)

1. 『한단고기』 태백일사 삼한관경본기(三韓管境本記)에 의하면, "먼 옛날 마한(馬韓) 지역에서 건너간 이주민들이 대마도·일기도 지역에서 살고 있었다. 이 때문에 이들 지역은 마한의 지배를 받았다"고 한다.

2. 예로부터 규슈와 대마도는 곧 삼한(三韓)에서 나누어 다스린 땅으로 본래 왜인이 사는 지역이 아니었으며, 임나(任那)가 또 나뉘어 삼가라가 되었는데, 소위 가라란 그 지방에서 중심되는 마을을 일컫는다(좌호가라는 신라, 인위가라는 고려, 계지가라는 백제이다 : 『한단고기』 고구려편)(이병선 저 『임나국대마도』, 문정찬 저『일본상고사』)

3. 임나는 대마도에 있었던 우리나라의 명칭이며, 동과 서에 마을들이 있어 치소(治所)가 있고 조공하기도 하며 배반하기도 하였는데, 그 후 대마도가 드디어 임나에 지배되었으므로 그때부터 모두 임나를 대마라고 일컬었다(『한단고기』 고구려편)(이병선 저 『임나국과 대마도』, 문정찬 저『일본상고사』 등).

4. 임나는 본래 대마도의 서북 어름에 있었는데 북쪽은 바다로 막히고 국미성에 치소가 있었다(『한단고기』 고구려편)(『일본서기』, 이병선 저 『임나대마도』, 문정찬 저『일본상고사』).

5. 영락 10년에 세 가라(대마도)가 모두 고구려에 귀속되었고 이로부터 바다와 육지의 모든 왜가 임나에 통합되어 열 나라로 나뉘어 다스리니 이름하여 연정(聯政)이라 하였다(400~479년)

(『한단고기』 고구려편)(〈광개토대왕비문〉, 이병선 저 『임나국과 대마도』).

6. 이들 연정(대마도·일기도·말로국·규슈·세도연안·야마토왜)은 고구려에 직할되어 열제(광개토대왕)의 명령 없이는 제멋대로 행할 수 없었다(400~479년). 그 후엔 백제가 관할하였다(『한단고기』 고구려편 열제의 비문 내용).

7. 가락국기편 : 가락국 6대 좌지왕 2년(408) 왕비 용녀(傭女)가 붕당을 일으키어 국력이 쇠잔할 때 고구려 연정(대마왜)이 지배하였다(신라 실성왕 7년, 동진 안의희 3년, 일본 황반정 3년). (〈광개토대왕비문〉, 인터넷대마도 사료)

8. 『삼국사기』 권3, 신라본기 실성왕 7년조
　　왜가 대마도에 병영을 설치했다는 기사를 접하고 가락국과 신라는 같이 근심하였다. 대마도를 정벌하려 하는데 미사품(未斯品)의 간언으로 중단했다. 『삼국사기』의 본조(本條)에도 임나국은 가락의 영토라 했다.
　　이때 대마왜는 임나연정의 고구려 지배하에 있었다.

9. 대마도는 가락국의 영토로서(『삼국사기』, 『가락국기』, 『대동세보』), 비단 무역의 거점으로 용성국(나가사키)→ 오키나와 → 리만 해류를 타고 싱가포르 → 중국 복강성 → 갠지스 강 → 아유타국 → 아라비아 대상이 비단을 나르는 곳이었다(14년의 실제 탐방으로 역어낸 이용기의 저서 『가락국의 영광』).

10. '아메노 히보코' 설화는 당시의 한국세력이 대마도를 거쳐 일본열도에서 땅을 개척하였으며, 그 후손들이 일본왕정에서 번영하게 된 경위 등을 진실하게 쓰고 있다(일본의 『고사기(古事記)』).

11. 『위지동이전(魏志東夷傳)』왜인전의 3세기 대마도 모습의 기록은 대마도가 대마국(對馬國)으로 표기되어 있고, 『한단고기』 고구려편에는 혼슈, 규슈, 대마도에는 본래의 왜인이 없다고 기술되어 있으므로 그곳 주민들은 곧 우리나라 도래인(度來人)을 뜻한다.

12. 우리나라 『삼국사기』에는 대마도라 기록되어 있으며, 『일본서기』에는 대마국·대마도·대마주 등으로 쓰여 있다. 한자의 음을 빌린 대마란 이름이 중국의 『삼국지』 이래로 널리 쓰였다. 대마란 마한(馬韓)과 마주 대한다 하여 부른 이름이다. 대마의 명칭 유래에 대해서는 나가도메 히사이의 저서 『고대 일본과 대마』에 나와 있다.

13. 일본의 『고사기』에는 '진도(津島)'로 나와 있고 『일본서기』의 신대(神代)에는 '한향지도(韓鄕之島)'로 기술되어 있다. 이것은 대마도 이름의 뜻과 관련된 것으로서 '쓰시마(진도)'는 한반도로 가는 배가 머무는 항구와 같은 섬이고, '가라시마(한향지도)'는 바로 한국인의 섬으로서 한국 사람이 고대로부터 사는 섬 또는 한반도로부터 사람과 문화가 건너올 때 거쳐 온 섬, 교역이 일어졌던 섬으로도 표현된다.

14. 한국 영토의 남쪽 구야한국(狗耶韓國 : 가나)에서 바다를 건너면 대마국에 이른다. 그곳의 대관(大官)을 '히고(卑狗, 비구)'라 하고 부관을 '히노모리(卑奴母離)'라고 불렀다는 대목의 '대마국도(對馬國島)'가 있는데 이것이 최초의 쓰시마(대마) 기록이다.

또 『위지(魏志)』의 편집자는 '津의 島'라는 의미로 이해했을 것이다. 즉 쓰(津)는 배가 닿는 것이며, 따라서 배가 닿는 섬이란 뜻으로 쓰시마(津島)로 표기해야 옳았고, 『고사기』에도 스시마로 되어 있다.

또 하나 유력한 설은 한국어의 해설이다. 일본어의 시마(島)는 한국어의 '섬'에서 유래된 말로서 한국말의 두 섬이 두시마, 쓰시마로 되었다는 설이 있다.

위의 내용들은 놓고 볼 때 3세기 이전부터 대마도가 바로 구야한국(가야)에 속했다는 것이 『삼국사기』 실성왕 7년 편과 『가락국기』 6대 좌지왕 2년의 기록 및 『대동세보』에 수록되어 있다.

역사적 고증을 통해 볼 때 5세기 이전에 대마도는 오랫동안 바로 가야의 영토이었음이 밝혀졌다. 즉 일본의 영토가 아님을 일본인 스스로 증명하는 대목이다.

15. 일본사학자 나가도메 히사이의 저서 『대마도 역사관광』에 나타난 대마도의 소도(卒土)는 마한의 소도(蘇塗)와 같은 것이며, 다카무스 비노미코도와 데라시스 오오미카미 등의 각종 신화가 조선분국의 존재를 증명한다. 다시 말해 대마도신의 고향은 바로 한국이다(나가도메 히사이 저, 『대마도 역사관광』).

16. 영락 10년(410)에 세 가라(대마도 삼한분국 : 좌호, 인위, 계지)는 모두 고구려에 귀속되고 이로부터 바다와 육지의 모든 왜가 임나(任那)에 통합되어 열 나라로 나누어 다스리니 이름하여 임나연정이라 하였다(『태백일사』 고구려편)(이병선 저 『임나대마도』, 문정찬 저『일본상고사』, 『일본서기』 5왕대, 〈광개토대왕비문〉).

17. 구야한국(금관가라)에서 1천여 리 떨어진 바닷길을 한 차례 건너서 대마국에 이르니 사방이 400여 리쯤 되었고 그곳에 조선 도래인이 주거하고 있었다(위지 왜인전, 태백일사 대진국 본기)>

18. 대마도에서 1천여 리 떨어진 바닷길을 한 차례 건너서 일기국(壹岐國)에 이르니 사방이 300리 쯤 되었다. 본래 이곳은 사이기국(斯爾岐國)인데 자다(子多)의 여러 섬 사람들이 모두 조공하였다(대마도의 치소(治所)를 중심으로 한 조선 분국임)(조선 분국 주장설은 김석형·조희승 저 『일본에서의 조선분국』, 『한단고기』 대진국편).
19. 중국의 역대 왕조들은 한국침략을 위하여 왜를 두둔하고 끌어들이는 입장이다. 『한서』,『위서』,『신·구당서』,『진서(晋書)』,『송서(宋書)』등이 그것이다.

　중국 사서(史書 : 송서, 양서, 남서) 등의 5세기에 실린 일본 기사 가운데서 왜·신라·임나·가라·진한(秦韓)·모한(慕韓) 등의 사지절도독(使持節都督 : 정권을 위임받은 총독)의 칭호를 받았으므로 역대 일본학자들은 이때 일본정권이 바다 건너 한국 남부를 경영하였다는 증거로 삼아 이 부분에 심혈을 기울인다.

　그러나 이 같은 내용들은 일본왕실의 일방적인 가필이며, 그 당시에는 일본열도 내에서는 통일왕정은 없었으므로(통일왕정은 7세기 후반임), 도래한 한국 소국 중에 대마도를 근거한 임나연정왕의 증거임이 이미 드러났다(〈광개토대왕비문〉: 왕 10년(400~479)후에 대마도에 임나연정이 수립되었고, 5왕(찬·진·제·흥·무)은 곧 대마도의 임정왕을 칭함)(김석형·조희성 저『일본에서의 조선분국』,이병선 저 『임나국과 대마도』).
20. 아라(安羅)는 대마도의 임나로 편입되고 고구려와 더불어 이전부터 화친을 맺었다. 말로국(末盧國)의 남쪽은 대우국(大隅國)

이라 하는데 그곳에 시라군(始羅郡)이 있었으며, 본래 우리나라 남옥저 사람들이 도래하여 살았던 장소이다(태백일사 대진국편, 김석형·조희성 저 『일본에서의 조선분국』, 〈광개토대왕 비문〉).

21. 신라가 통일한 후 8세기(779년)에 국교가 단절되자 일본은 군사적 및 무역의 요충지인 대마도를 침거하여 조선 약탈의 기지로 삼았으나, 신라는 통일전과 같이 계속하여 왜구를 소탕하였으며 대마도를 관리해 왔다. 특히 9세기 초 이후 장보고의 해상활동과 신라의 적국적인 정치적 개입이 있었고, 일부 남아있는 기록에 의하면 811년, 812년, 813년, 814년경에 대마도에 관리를 파견하고 회사품을 하달한 내용이 있다(나종우 저, 『중세의 대일관계』 중 고려 전기 내용 참조, 원광대학교출판부, 1996).

22. 현덕왕 9년(817)에 아비류(阿比留)가 적을 토벌하고 대마도에 정착하다.

23. 대마도의 등정방(藤定房)이 1723년 편찬한 『대주편년략(對州編年略)』 3권으로 구성된 산가요략기(山家要略記)에는 "대마도는 고려국의 행정치소인 목(牧)이었다. 옛날에 신라 사람들이 이곳에 살았고, 중애천황(산공황후 섭정)이 대마도 악포(鰐浦)에서 신라를 정벌함으로써 얻었다."고 기록되어 있다. 그러나 그가 지적한 신라는 대마도에 있는 좌호가라(左護加羅) 중심의 신라이며, 중애천황 8년 9월조에는 천황이 신라정토의 신탁을 믿지 않고 억지로 웅습(熊襲)을 토(討)하다가 승리하지 못하고 돌아왔다는 기록을 남겼다(이병선 저 『임나대마도』, 『일본서기』, 『한단고기』 고구려편).

24. 고동 33년(1246) 유종중상(惟宗重尙)이 아비류씨를 토벌하고 대마의 지두대관(地頭代官)이 됨으로써 대마도 종씨의 시조가 되었다고 한다.

25. 고려시대에는 공민왕 17년(1368) 대마도주가 만호의 벼슬로 대마도를 관리하였고, 진봉선 무역(진봉선 무역 : 왜와 대마도가 진상해오면 하사품으로 답하여 많은 생필품을 보냄)을 하였다. 그리고 우왕 3년(1375)에는 박위를 보내어 대마도의 섬 주민을 보호하고 왜구를 격퇴했다. 이것은 대마도가 고대로부터 우리 영토임을 재확인한 과정이다(나종우 저, 『중세의 대일관계』, 원광대학교 출판부, 1996)

26. 가마쿠라 막부시대 중기(13세기 말)에 만들어진 『진대(塵袋)』 11권의 사서(辭書)로서 저자 불명의 권2에 의하면 "무릇 대마도는 옛날에는 신라국과 같은 곳이다. 사람의 모습도, 그곳에 나는 토산물도, 있는 것 모두 바로 신라의 것이다."로 되어 있다.

　　이것은 옛날부터 대마도에 신라사람들이 대를 이어 살았다는 사실을 보여주고 대마도가 신라와 같은 곳임을(좌호가라 : 신라) 증명하며, 인종적·문화적으로 동질임을 강조하고 있다. 그 이외에도 전·후술하는 모든 내용들이 대마도는 한반도와 지척 간에 있는 부속도서로서 우리의 정치 및 문화권에 상존해 있었다는 것은 일본학자들이 증명하는 바이다. 대마도에 산재해 있는 수많은 문화유적과 생활 습속들에 대해서『대마도·일기도 종합학술조사 보고서』)서울 신문사, 1985) 및 일본인이 쓴 『신대마도지』에 잘 정리되어 있다.

27. 태상왕이었던 태종이 세종 때 대마도 정벌을 하기 전에 군사

들에게 내린 교유문에서 대마는 섬으로서 경상도의 계림에 예속되었던바 본시 우리나라 땅이라는 것이 문적(門籍 : 서적, 기록)에 실려 있어 확실하게 상고할 수 있다. 다만 그 땅이 매우 작고 또 바다 가운데 있어서 왕래함이 막혀 백성들이 살지 않았을 뿐이다. 이에 왜놈으로서 그 나라에서 쫓겨나 갈 곳 없는 자들이 몰려와 모여 살며 소굴을 이루었던 것이다.

28. 세종 원년(1418년)에 있은 이종무의 대마도 정벌, 즉 기해동정(己亥東征) 이후 대마도는 계속하여 경상도 동래부의 소속 도서로 편입되어 조선정부의 통치에 임했다.

29. 1419년 이종무 장군의 병력으로 대마도 정벌 후에 속주화(屬州化)를 요청한 도주사신(島主使臣)의 요청 내용인즉 "밖에서 귀국을 호위하여… 우리 섬으로 하여금 영토 안에 주군(州郡)의 예에 따라 주의 명칭을 정하여 주고 인신(印信)을 주신다면 마땅히 신하의 도리를 지키어 시키는 개로 따르겠습니다(『세종실록』 2년 윤 1월10일)"

30. 확고한 국가관을 가졌던 세종과 학자 김중곤(金仲坤)은 『노비문기(奴婢文記)』에 두지(豆之 : 대마도)인이 있는 데 대하여 "대마도는 곧 조선의 땅이며 그곳에 왜인(조선 도래인)이 살고 있다고 해서 무엇이 관계되랴."고 말한 데서 세종 때의 대마도 인식관을 알 수 있다(『세종실록』 23년(1441년) 11월 22일).

　세종 때 정승인 황희(黃喜)도 대마도는 예로부터 우리 땅인데 고려 말기에 국가기강이 허물어져 도적의 침입을 막지 못해 왜구가 옹거하게 되었다는 속주의식을 피력했다. 이와 같은 대마도 속주의식은 군신과 학자, 일반국민 무두의 머리와 가슴 속에 깊이 새겨져 있었다.

31. 행장(行狀), 노인(路人), 문인(文引), 도서(圖書), 수직왜인(受職倭人), 통신부(通信符), 상아부(象牙符) 등의 각종 통행증을 발급한 것은 대마도민은 우리의 속민이었다는 것과, 무로마치(室町) 막부하의 일본이 스스로 요청하여 통교허가를 받은 것은 일본이 우리 조정에 대하여 조공을 바쳤다는 실증적 내용이다. 이들 통행증의 왕래와 검역은 거제도 지세포(知世浦) 만호가 담당하였다(『세종실록』 권4, 8, 82 등).

32. 1444년 대마도에 보내졌던 초무관 강권선이 세종에게 보고한 글에 "이곳은 일본 국왕의 명령이 미치지 않기 때문에 중간에서 망령되게 자존하면서 포악하오니, 이들 모두 도서(圖書)를 받고 우리 조정에 귀순하기를 바라고 있사오니 바라옵건대 이 섬의 두목들에게 예전처럼 오고 가게 하고, 이따금 양식이나 주고 도서를 주어 뜻밖의 우환에 대비하게 하소서." 라고 했다.

33. 일본 대마도의 수직왜인에게 내린 교지(敎旨 : 임금이 산하에게 재리는 관리의 임명장)는 군신간을 돈독케하고, 임금에 대하여 충성을 다한다는 신하의 책무가 강하게 내포되어 있다. 이러한 교지의 내용을 볼 때 일본과 대마도 주민은 조선의 정치체제 안에 편입되었음을 알 수 있고 또한 그들을 보살핀 조선정부의 성의가 내포되어 있다(중촌영효(中村嶺孝), 『수직왜인의 고신(受職倭の告身)』, 『한일관계사 연구』 상권 p585).

34. 한편 세조 때에는 대마도주 종성직(宗成職)의 수직을 추천하던 과정에서 대마도주에게 내린 교서에서도 "경의 조부가 대대로 우리의 남쪽 변경을 지켜서 국토를 보호하게 되었는데, 지금 경이 선조의 뜻을 이어서 더욱 공경하고 게으르지 아니하며 거듭 사람을 보내어 작명(作命)을 받기로 청하니, 내가 그 정성을

가상히 여겨 특별히 숭정대부 판중추원사 대마주 병마도절제사를 제수한다."고 했다(『세종실록』 7년 8월 28일).
35. 그 후 성종과 연산조의 조정에서 대마도주에게 주는 서계(書契)에서도 "대마주는 우리나라의 속신(屬臣)인데 어찌하여 조선과 대마도를 양국이라 칭하느냐. 너의 도주가 우리 조정에 신하라 칭하였으니 대마도는 조선의 일개 주현에 지나지 않을 뿐이다."란 기사가 많이 보인다(『성종실록』 25년(1494) 2월 7일, 『연산군일기』 8년 정월 19일).
36. 이황(李滉)은 조선과 대마도의 관계를 중국 역대왕조의 대오랑캐 정책을 원용하면서 부자관계로 보았다(『갑신포역절왜소(甲辰包役 絶倭疏)』, 『퇴계전서(退溪全書)』 권6).

또 그는 세사미두(歲賜米豆)의 의미에 "대마도가 충성을 다하여 바다를 든든하게 지키는 수고로운 공적을 가상히 여겨 해마다 하사 한다."고 하였다(『예조답대마조도주(禮曹答對馬島主』 권8).
37. 세종 26년(1444) 일기도 초무관 강권선의 보고서에는 "대마도에 대하여 일본국왕의 명령이 미치지 못하는 섬"이라고 하여 일본 본토와는 분명히 다른 지역(바로 조선의 섬)으로 파악하였다(『세종실록』 26년 4월 30일).
38. 대마도는 경상도에 예속되었으니 문의할 일이 있으면 반드시 본도의 관찰사에게 보고를 하여 그를 통해 제반사를 보고하도록 하고 직접 본조에 올리지 말도록 할 것이요, 겸하여 요청한 인장과 하사하는 물품을 돌아가는 사신에게 부쳐 보낸다(『세종실록』 2년 윤 1월 23일, 『신대마도지』의 응구(應寇)부분 참조).
39. 1590년 임진왜란 직전에 통신사로 일본에 다녀온 김성일이 서

장관 허성(許筬)에게 보낸 답서의 내용에서 "대마도가 우리나라 조정의 은혜를 입고 우리의 동쪽 울타리를 이루고 있으니 의리로 말하면 군신지간이요, 땅으로 말하면 우리의 속국이다."라고 말했다(『답허서장서(答許書壯書)』,『해사록(海槎錄)』권3).
40. 성종 18년(1487)에 대마도주의 서계 내용을 보면 "영원토록 귀국(조선)의 신하로서 충절을 다할 것이다."(『성종실록』 18년 2월 7일)로 되어 있다.
41. 대마도주 종의지(宗義智)에게 보낸 경상감사의 답서내용인즉 "우리나라와 일본은 형제와 같이 우호관계를 맺으면서 신의와 화목을 닦아 200여 년 동안 조금의 틈도 없었다. 대마도는 우리의 속주로서 조선의 신하로 섬겼으므로 나라에서 심히 후하게 대접하였다. 세견선의 곡식으로 먹이고 수레의 포목으로 입혔으니, 섬의 모든 백성이 조상 대대로 그 덕을 입고 양육받지 않음이 없었다. 그로써 생활하였으니 모두가 상국인 우리나라의 은혜이다."(『조선실록』 2년 8월 7일)
42. 일본 사학자인 중촌영효(中村榮孝)는 그의 논문에서 조선과 대마도의 속지관계(개연성)를 인정하면서, 일본 측으로서는 대륙을 잇는 생명선과 같은 섬이기에 그것을 아전인수 격으로 우긴 것에 지나지 않으며, 지정학적 여건을 볼 때 조선의 영토이었다고 실토하였다.
43. 송희경은 대마도 정벌 이후 일본에 회례사(回禮使)로 다녀오면서 대마도 만호 좌우문 태량을 만나 '조선과 대마도는 한 집안'이라고 말하고 같은 왕의 신하라고 하여 그들의 칭송을 받았다(『노송당 일본행록』 2월 21일).
44. 1617년 통신사 이경직이 자신들(통신사 일행)을 수행하던 대마

도의 에도 막부장군의 측근이 대마도 고위관리에게 한 말을 듣고 "너희 섬(대마도)은 조선 지방이니 마땅히 조선 일에 힘을 내야 한다."고 했다.

45. 신숙주는 『해동제국기(海東諸國記)』애서 일본(본토)과 완전히 구별하여 대마도를 일본의 행정구역인 8도 66주와는 구별하여 조선영토로 기술하고 있다.

46. 임진왜란 때 도요토미 히데요시의 부하가 작성한 〈팔도총도(八道總圖)〉라는 지도에 대마도가 조선영토로 표기되어 있다.

47. 17세기(1652)의 〈해동팔도봉화산악지도(海東八道峰火山岳地圖)〉를 중심으로 한 18세기의 〈해동도(海東圖)〉 및 19세기 초 무렵의 〈해좌전도〉, 〈대동여지도〉 등 많은 실증적 지도류에 대마도가 한국령으로 표기되어 있다.

48. 대마도는 고려에 대하여 독자적으로 진봉선 무역을 하였고 무로마치(室町) 막부시대에도 일본으로부터 독립적 위치에 있었으며, 막부로부터 재정지원을 받지 않았다. 그리고 조선과의 무역도 독자적이었으며, 막부의 사신 호행(護行)도 하지 않았다 (나종우 저, 『중세 대일교섭사』).

49. 고려의 막강한 지방전권에 관한 기사로 일기도(壹岐島) 구당관(勾當官), 대마도 구당관이 임명되어 대마도는 물론, 대마도에서 1천여 리나 떨어진 일기도까지 고려정부에서 섬의 지배자를 두었다고 기록되어 있다.

    그 이외에도 지방호족들이 보낸 상인사절도 많이 보인다(나종우 저 『중세 대일교섭사』).

50. 광해군 9년(1617년)통신사 오윤겸(吳允謙)이 쓴 『동사상일록(東槎上日錄)』에 의하면 "지성으로 조선에 대하여 사대하며

시종 한마음을 가져 영원히 조선의 속주로서 충성을 다할 것이다. 또 이 섬의 인민들은 오로지 우리나라 난육(卵育)의 은폐에 힘입어 생계를 삼고 있는 처지에 있다."고 당시 대마도의 종속관계를 대마도주와 논했다.

51. 인조 21년(1643년) 통신사 조경(趙絅)의 『동사록(東槎錄)』의 망마주(望馬州)에 "조선의 쌀과 베가 배고플 때 너희 밥이 되고 추울 때는 너희 옷이 되었다. 너희 목숨은 조선에 달렸으니 너희들 자손 대대로 우리의 속민(屬民)이다. 대마도주는 제발 속이지를 마라. 그리고 조선에 충심을 다해 백년토록 복을 누려라"로 되어 있다.

52. 숙종 45년(1719년) 신유한의 『해유록(海遊錄)』에는 대마도주와 의례논쟁을 하면서 "이 고을은 조선의 한 고을이다. 태수가 도장(圖章)을 받았고, 조정의 녹을 먹으며 크고 작은 일에 명을 청해 받으니 우리나라에 대하여 속주(屬州)의 의리가 있다."로 되어 있다.

53. 영조 39년(1763년) 권9조엄)의 『해사일기(海槎日記)』에 "대마도는 본래 조선의 소속이다.… 이미 조선의 옛 땅에 살면서 대대로 조선의 도서를 받았으며, 또한 공미(公米)와 공목(公木)으로 생활하니 대마도는 곧 조선의 영토이다."로 되어 있다.

54. 18세기 실증사학의 대가 순암 안정복의 문집 권10의 『동사문답(東史問答)』에서 "대마도는 우리의 부속도서이다. 대개 대마도는 신라·고려 이래로 국초에 이르기까지 우리의 속도(屬島)로 대해왔다."고 했고, 『여지승람』에서는 "옛날 경상도 계림 땅에 예속되었다."라고 하였으며, 태종이 기해년에 대마도를 정벌할 때 교서에서도 대마도는 본래부터 우리나라 땅이었다고

하였다. 그 이외에도 수많은 증거물이 있다. 그리고 그 땅을 정벌한 일은 마땅히 중앙의 속도(屬島)를 꾸짖는 방책이었다고 적어 놓았다.

55. 영조 39년(1763년) 통신사행의 서기였던 원중거(元重擧)는 "대마도는 일본 내국과는 전혀 다르다. 일본인은 항상 대마도인을 오랑캐라고 부르며 사람 축에 끼워주지를 않았다. 이것은 대마도가 한국 땅임을 그들 스스로 증명한 것이다."라고 하였다. 일본인의 대마도 구분의식은 『풍습(風習)』, 『대화국지(大和國志)』 등에 나와 있다.

56. 영조 36년(1765년)에 제작된 『여지도서(與地圖書)』와 순조22년(1822년)에 편찬된 『경상도읍지』 등에는 대마도가 '동래부 도서조(島嶼條)'에 수록되어 있으며, 그 내용은 대개 『신증 동국여지승람』의 대마도 인식을 보완한 것이다.

57. 〈해좌전도(海左全圖)〉에 이어〈대한전도(大韓全圖)〉,〈조선전도 해동도(海東圖)〉,〈팔도전도(八道全圖)〉,〈팔도총도(八道總圖)〉,〈팔도지도 경상도 부분도〉및 18~19세기의 지도 등에서 대마도가 한국 영토로 나타나 있다.

58. 거리상으로 부산에서 대마도까지는 50km, 대마도에서 일본 규슈의 하카타(博多)까지 최단거리는 142kmsk 된다. 국제법으로 따져도 명확한 한국의 연안섬이다.

59. 대마현지의 역사유적(승문 및 미생식 문화유적, 각종 신사, 조선식 산성)과 생활습속 및 동·식물류, 돌과 풀, 조선 언어와 그곳의 주민 중 그 모두가 우리의 것이다(『일본서기』의 내용, 『신대마도지』, 『통신사의 견문록』, 『조선왕조실록』의 기사 내용).

60. 대마 만송원(萬松院)의 종가무덤에서 32대 의화(義和)의 묘비에(1842년, 조선 헌종 9년) 종삼위 종조신 의화경오묘(從三位宗朝臣義和卿奧墓)라고 크게 쓰여 있다.

종가 말년의 분묘에서(메이지 직전까지)종가는 조선의 신하로서 역할을 다했다는 것은 그 이전까지도 대마 종가는 조선의 가신(家臣)으로 그 의무에 충실했다는 것과 대마도가 조선의 속주임을 증명하고도 남음이 있다.

62. 대마도의 송포윤임(松浦允任)이 지은 『조선통교대기(朝鮮通交大紀)』 권1, 원통사공(圓通寺公)에서도 대마 문적(門籍)에 대하여 "생각건대 아주(我州 : 대마도)가 본래 조선 경상도의 속도였다는 것이 언제나 일본과 대마도의 서(書)에 보인다. 또 『여지승람』에도 아주를 동래의 속도(屬島)라고 하였다. 조선 측에서도 자주 이 구절을 인용하지만 문적(『한단고기』, 『삼국사기』, 『삼국유사』, 그 외의 사서)에 관해 토론을 하였다. 뒤에 이익과 안정복 등이 대마속국론을 들고 나온 것은 지당한 일이라 본다."하였다.

63. 종가문서를 통해 본 대마도는 각종 서계(書契)에서 1851년(철종 2년)에도 신해년 6월 세견선편에 대마도에게 보낸 서계와 봉진예물을 받았다는 내용 등이 조선과의 속주관계를 증명하고 있다.

64. 대마도 영토권 문제는 상해 임시정부의 역사 편찬 작업에서도 북방영토(간도)와 함께 거론하다.

65. 1948년 1월 과도정부 입법 위원회에서 입법의원 60명이 "대마도는 본시 우리 영토이니 대일강화회의에서 반환요구를 해야 한다."고 제안함. 건국 직후인 8월 18일 이승만 대통령이 대마

도 반환을 일본 측에 요구함. 동년 9월 9일 우리 외무부에서 일본 측의 이의제기를 반박하면서 대마도 속령을 강화하는 성명을 발표하다.

66. 1949년 1월 8일 이승만 대통령이 신년 기자 회견에서 대마도 영유권을 주장하고 일본은 우리에게 반환할 것을 요구함. 3월 국회에서 대마도 반환을 촉구하는 건의안을 제출하다.

67. 1951년 샌프란시스코 평화조약 초안 작성 과정에서 이 조약에 한국이 일본으로부터 대마도의 영유권을 돌려받는다는 문구를 포함시킬 것을 미국 측에 공식 요구(1951년 미국무성 외교 문서에).

68. 1952년 1월 18일 이승만 대통령은 '인접해양의 주권에 대한 대통령선언'에서 대마도 영유권을 주장. 그러나 일본 정부는 학자들에게 '대마도 연구' 집대성 할 수 있도록 적극 지원하여 대마도는 일본 땅이라는 논리적 근거를 마련함.

부록 : 대마도 관련 연표

서기	왕대	대마도 관련 사항	자료
약 8000년전		대마도 북부 카미아가타쵸 코시타가(越高)에 한반도의 융기문 토기 전래	
3~4 세기경		미츠시마쵸 게치(鷄知)에 한반도 계통의 무늬 없는 토시 전래	
전 20	신라 혁거세 38	중신으로서 사신으로 활약한 왜인 호공(瓠公)의 출자에 대한 기사	삼국사기
3C 경		중국사서에 최초로 대마국에 관한 기사 소개 됨	중국 삼국지 위지 왜인전
284	백제 고이왕 51	백제, 아직기를 왜에 파견함.	일본서기 (日本書紀)
285	고이왕 52	백제, 박사 왕인을 왜에 파견하여 논어, 천자문 등 경학을 전수함.	일본서기
400	고구려 광대토대왕 10	이때부터 임나(任那)는 대마도를 가르키게 됨	환단고기 태백일사
408	백제 실성왕 7	왜인이 대마도에 영문을 설치하고 병기와 순량을 저축하여 습격한다는 말을 듣고 대마도를 정벌하려다 중지함.	삼국사기
513	무녕왕 13	백제, 오경박사 단양이를 왜에 파견함.	일본서기
516	무녕왕 16	백제, 오경박사 고안무를 왜에 파견함.	일본서기
544	위덕왕 1	백제, 역(曆)박사·의박사·채약사(採藥師)·악인(樂人)을 왜에 파견함.	일본서기
552	성왕 30	백제, 불상과 불경을 왜에 전함.	일본서기
602	무왕 3	백제 관륵이 역본(曆本), 천문지리서, 둔갑술 등을 전파.	일본서기

631	무왕 32	의자왕의 아들 풍장(豊璋)을 왜에 파견함.	삼국사기, 일본서기
664	문무왕 4	대마도·일기도·축전(筑前)에 봉화대를 설치함	일본서기
667	문무왕 7	대마도, 백제식 산성인 금전성(金田城)을 축성함	일본서기
697	신라 효소왕 6	신라가 일본에 사신(金弼德, 김필덕)을 처음으로 파견함.	속 일본기 (續日本記)
703	성덕왕 2	일본이 신라에 처음으로 사신(波多朝臣廣足)을 파견함.	
720	성덕왕 19	일본서기 30권 완성, 일본에서 '대마(對馬)'란 명칭을 처음으로 사용함.	
727	발해, 무왕 9	발해에서 일본에 처음으로 사신을 파견함.	
769	혜공왕 5	신라사 급찬 김초정 등이 대마도에 표착함.	속일본기
779	혜공왕 15	신라의 견일본사 단절됨.	속일본기
813	헌덕왕 5	태재부(太宰府)의 청으로 대마도에 신라역어(新羅譯語) 1인을 둠.	일본, 유취삼대격 (類聚三代格)
815	헌덕왕 7	대마도에 신라어 통역관 설치	
817	헌덕왕 9	아비류씨(阿比留氏)가 적을 토벌하고 대마도에 정착함.	
836	희강왕 1	일본의 견신라사 중단됨.	
849	문성왕 11	일본이 대마도에 사생(史生) 1명, 궁사(弓師) 1명을 배치함.	일본, 육국사 (六國史)
873	경문왕 13	신라인 3명이 대마도에 표착함.	
894	진성왕 8	신라군선 45척이 대마도에 도착하여 공격함.	일본, 일본기략 (日本記略)
922	견훤 31	견훤이 사신을 일본에 파견하여 교빙하기를 청함.	

929	고려, 태조 12	발해의 견일본사 단절됨.	
1019		여진족의 군선 50척이 침공, 대마도민 36명 살해, 346명 포로연행	
1026	희종 2	금주(金州) 방어사가 대마도에 첩장(牒狀)을 보냄.	일본, 평호기 (平戶記)
1049	문종 3	대마도관(對馬島官)이 표류인 20명 송환함.	고려사절요 3/11
1051	문종 5	일본 대마도에서 죄를 피해 도망간 양한 등 3명을 압송함.	고려사절요 5/7
1060	문종 14	대마도에 표류인을 송환함.	고려사절요 14/7
1082	문종 36	대마도에서 사신을 보내 토산물을 바침.	고려사 36/11 고려사절요 36/11
1085	선종 2	대마도구당관(勾當官)이 사신을 보내 감귤을 바침.	고려사 2/2 고려사절요 2/2
1086	선종 3	대마도구당관이 사신을 보내 방물을 바침.	고려사 3/3 고려사절요 3/3
1087	선종 4	대마도인 원평(元平) 등 40인이 와서 진주·수은·보도·우마를 바침.	고려사 4/7 고려사절요 4/7
1127	고종 14	박인(朴寅)을 일본에 보내 강화를 요청함.	고려사절요 14/12
1205	희종 원년	대마도인 항평(恒平) 등 11인이 첩장과 진봉물을 바치려 하였지만 거절당함.	평호기
1223	고종 10	왜구가 처음으로 금주에 침입함.	고려사 10/5
1226	고종 13	전라주도안찰사가 태재부에 첩장을 보낸 대마도인이 고려연안을 침입한 것을 알림.	일본, 오처경 (五妻鏡)

1246	고종 33	유종중상(惟宗重尙)이 아비류씨를 토벌하고 대마의 지두대관(地頭代官)이 됨으로써 대마도 종씨의 시조가 되었다 함.	일본, 대주년편략 (對州年編略)
1263	원종 4	홍저와 곽왕부를 일본에 파견하여 해적의 금제를 요청함. 첩장에 매년 진봉선 2척을 정약한 사실이 확인됨.	고려사 4/4 갑인
1274	충렬왕 즉위년	여원연합군이 1차 일본원정 습격. 대마도주 종조국(宗助國) 전사함.	고려사 즉위/10 을사
1281	충렬왕 7	여원연합군의 2차 일본원정 습격.	고려사 7/5
1336	충숙왕 5	종뢰무(宗賴茂), 소이(小貳)씨와 함께 족리존씨(足利尊氏)의 군에 속함	
1350	충정왕 2	왜구의 침입이 본격화 된.	고려사 2/2
1366	공민왕 15	만호 김룡과 검교중랑 김일을 족리의만(足利義滿)에게 파견하여 왜구의 단속을 요청함. 교류시작.	고려사 우왕 3/6 공민왕 15/11 임진
1368	공민왕 17	제주도 해녀들이 대마도에 잠수기술을 전파함. 대마도만호가 사신을 보내 토산물을 바치자 상구사(講究使) 이하생을 파견함. 대마도만호 숭종경(崇宗慶)이 사자를 보내 조공하므로 쌀 1천석을 하사함.	고려사 공민왕 17/윤17 17/11 병오 17/11 병오
1376	우왕 2	최영이 홍산에서 왜구 대파함.	
1377	우왕 3	판적객사사 안길상, 전대사성 정몽주를 파견하여 왜구의 금지를 요청함.	고려사 열전 3/6, 3/9
1380	우왕 6	나세, 최무선이 진호에서 왜구 대파함.	
1381	우왕 7	이성계가 황산에서 왜구 대파함.	
1387	우왕 13	정지가 대마·일기도의 토벌을 주장함.	고려사절요 13/8

연도	왕대	내용	출전
1389	공양왕 1	경상도 원수 박위가 병선 1백척으로 대마도를 정벌하여 적선 3백척과 가옥을 불태움.	고려사절요 원/2 고려사 박위열전
1392	조선, 태조 1	조선을 건국한 이성계가 승 각추를 정이대장군(征夷大將軍)에게 파견하여 왜구의 금제를 요청함.	일본, 선린국보기 (善隣國寶記)
1396	태조 5	항왜(降倭) 등륙(藤陸)에게 처음으로 선략장군을 제수함.	태조실록 5/12 병오
1397	태조 6	통사 박인귀가 대마도에 붙잡혀 간 지울주사 이은을 데리고 옴. 다시 박인귀를 대마도에 파견하여 항왜의 배신을 책망하고 화호를 요청함.	태조실록 6/3 무술, 6/5 정사
1398	태조 7	대마도의 사자가 단독으로 내조하기 시작함.	태조실록 7/4 계사
1399	정종 1	대마도도총관(都摠管) 종정무(宗貞茂)가 토산물과 말 5필 헌상함. 기록상 조선시대에 대마도주가 처음으로 통교함.	정종실록 원/7 기사
1400	정종 2	회례사 윤명을 대마도와 일기도에 파견하여 왜구의 금지와 피로인 쇄환을 요청함.	세종실록 27/2 정묘
1401	태종 원년	이예가 대마도·일기도에서 피로인 50명을 쇄환해 옴.	세종실록 27/2 정묘
1402	태종 2	종정무가 도주가 되고 축전수호대(筑前守護代)를 겸함.	일본, 관정중수제가보 (寬政重修諸家譜)
1403	태종 3	막부장군 족리의만이 명으로부터 책봉 받음.	
1406	태종 6	대마도 수호 종정무의 아버지가 죽음에 미두 200석을 부의함.	태종실록 6/3 기사

1407	태종 7	흥리왜인의 도박장소를 부산포와 내이포로 제한함. 대마도수호에게 미두 각 150석 하사함.	태종실록 7/7 무인, 7/10 기해
1408	태종 8	수직왜인 평도전(平道全)이 대마도에서 피로인을 쇄환해옴. 종정무(宗貞茂)가 출전으로부터 대마도에 와서 부(府)를 설치하고 상주함.	태종실록 8/11 경신 일본, 십구공실록 (十九公實錄) 장송공(長松公)
1410	태종 10	이 예를 대마도에 파견하여 미두 300석을 사급함.	태종실록 10/5 기묘
1411	태종 11	호군 평도전을 대마도에 파견하여 미두 300석을 사급함	태종실록 11/9 기사
1413	태종 13	통신관 박초를 대마도주에게 보내 피로쇄환을 요청함	태종실록 13/6 계해
1414	태종 14	항왜(港倭) 지온(地溫)을 대마도주에게 파견하여 일본국왕, 대내전, 소이전, 구주절도사 등 10개 이외의 사송선의 출선을 금지하도록 함	태종실록 14/8 정미
1416	태종 16	사신을 파견하여 대마도주에게 미두 각100석을 하사함	태종실록 16/7 임진
1418	태종 18	4포(부산포,염포,내이포,가배량) 개항함. 대마도경차관 이예를 파견하여 도주 종정무의 죽음에 부의함. 귀환시 중국산 화통과 완구를 가지고 옴.	태종실록 18/3 임자, 18/4 갑진, 즉/8 신묘
1419	세종 원년	삼구도체찰사 이종무가 대마도를 정벌함. 대마도주 도도웅와(都都熊瓦)가 항복함과 동시에 인신(印信)의 하사를 요청함	세종실록 원/6 경인, 원/9 임술

1420	세종 2	대마도를 경상도의 속주에 편입하고 '종씨도도웅와(宗氏都都熊瓦)'란 도서를 사급함. 이로써 대마도주는 수도서인이 되고 도주서계제가 시작됨. 회례사 송희경을 막부장군에게 파견함. 귀국후 <노송당일본행록> 저술함.	세종실록 2/윤1 임진 2/윤1 갑신
1423	세종 5	부산포, 내이포 개항함	
1426	세종 8	3포(부산포, 내이포, 염포) 개항함.	세종실록 8/1 계축
1428	세종 10	조선이 통신사를 일본에 파견	
1438	세종 20	이예를 대마도에 파견하여 왜사의 제를 요청하고 문인(文引)제도를 정약함.	세종실록 20/4 갑자, 20/ 기해
1439	세종 21	대마도에 경차관을 파견하여 왜인접대사목을 규정함.	세종실록 21/4 갑진
1441	세종 23	대마도주와 고초도조어금약(孤草島釣魚禁約)을 정약함. 소이씨(小貳嘉頼)가 대내(大內)씨에게 패하여 대마도에 와 거함.	해동제국기 금어조약
1443	세종 25	텅신사 변효문 일행을 막부장군에게 파견함. 대마도 채찰사 이예를 파견해 대마도주와 계해약조를 정약함.	세종실록 25/2 정미, 25/6 정유, 25/7 경오, 25/22 병오
1447	세종 29	경차관 조휘를 대마도에 보내 약정수외 세견선의 파견 금지와 약조의 위반자에 대한 치죄를 요청함.	세종실록 29/3 무인

1452	단종 즉위	치전관(致奠官) 이견의와 치부관(致賻官) 피상의를 대마도에 파견하여 도주 종정성의 조의를 표함. 도주 종성직(宗成職)에게 도서(도서)를 사급함.	단종실록 즉/8 갑자, 즉/11 병술
1461	세조 7	경차관 김치원을 파견하여 대마도주에게 관직을 제수하여 함.	세조실록 7/7 기유
1468	세조 14	대마도주가 관소를 좌하(佐賀)에게 국부(國府: 嚴原)로 옮기고 중촌(中村)에 거관(居館)을 둠. 경차관 김호인을 대마도에 파견하여 도주 종성직의 죽음에 조위함.	대주편년략 (對州編年略) 세조실록 14/7 정해
1469	예종 원년	종정국(宗貞國)이 소이씨와 함께 축전주를 공격하여 영지를 회복함.	
1470	성종 원년	선위관 전양민을 대마도에 파견하여 수외세견선의 출선 금지와 항거왜인의 쇄환을 요청함	성종실록 원/9 병자
1471	성종 2	신숙주가 《해동제국기》를 편찬함.	
1476	성종 7	선위자 김자정을 대마도에 파견하여 삼포왜인의 쇄환을 요청함.	성종실록 7/2 병술
1487	성종 18	소이씨가 축전에서 패함에 따라 대마도의 축전지망 영지를 잃어버림	대주편년략
1494	성종 25	경차관 권주를 대마도에 파견하여 남해연안에서 난동부린 왜인에 대한 치죄를 요청함.	성종실록 25/3 을묘
1496	연산군 2	치전관과 치위관을 파견하여 도주 종정국의 죽음을 조위함.	연산군일기 2/윤3 정묘
1497	연산군 3	소이씨 멸망함	

1510	중종 5	경차관 강중진과 이식을 파견하여 도주 종재성(宗材成)의 죽음을 조위하고 가덕도, 보길도에 침입한 적왜(賊倭)의 치죄를 요청함. 삼포항거왜인의 난동사건 발생(삼포왜란) 이로인해 대마도와 통교를 단절함.	중종실록 5/2 기축
1512	중종 7	임신약조(壬申約條)로 통교를 재개하면서 세견선, 세사미두 반감시킴.	중종실록 7/8 신유
1520	중종 15	도주 종성장(宗盛長)의 아들 언만(彦滿)에게 세견선 3척을 정약함(兒名送使의 시작)	
1544	중종 39	사량진왜변으로 통교 단절됨.	
1546	명종 원년	국중(國中)의 종씨에게 개성(改姓)을 명함.	
1547	명종 2	정미약조로 통교 재개함	명종실록 2/2 을미
1555	명종 10	달량포에서 왜변	
1557	명종 12	정사약조로 도주의 세견선을 30척으로 늘림.	명종실록 12/1 갑술
1573	선조 6	실정막부 멸망	
1589	선조 22	도주 종의지(宗義智)가 풍신수길의 사자로 내조하여 통신사의 파견을 요청함.	선조실록 22/6 을사
1591	선조 24	토요토미 히데요시가 대마도주에게 조선침략을 명함.	
1592	선조 25	임진왜란 발발. 5000명 대마도 병사 참전	
1597	선조 30	정유재란 발발, 요시토시 1000명의 병사로 조선침략	
1598	선조 31	풍신수길의 죽음으로 일본군 퇴각	

1599	선조 32	도주 종유지가 유천조신(柳川調信) 명의의 서계에 강화사(講和使)를 요청함.	선조실록 32/7 신유
1601	선조 34	왜란 직후 부사 절영도에 임시로 왜관이 설치됨	
1602	선조 35	탐적사 전계신·손문욱을 파견하여 일본의 정세를 파악함.	선조실록 35/2 병인
1603	선조 36	도쿠가와 이에야스[德川家康] 정이대장군이 됨 부산에 절영도왜관 설치함.	
1604	선조 37	탐적사 유정·손문욱을 파견함. 대마도에 개시(開市)허용.	선조실록 37/6 신축
1606	선조 39	적계신을 대마도에 파견하여 일본의 정세를 파악함.	선조실록 39/8 기미
1607	선조 40	1차 회답겸쇄환사를 대마도에 파견함. 부산에 두모포왜관을 선치함.	선조실록 40/1 기사
1609	광해군 원년	기유약조 체결.	광해군일기 원/3 정미
1610	광해군 2	왜관개시 약정.	광해군일기 2/9 경술
1611	광해군 3	대마도에서 세견선을 파견함.	일본, 조선통교대기
1617	광해군 9	2차 회답겸쇄환사 파견.	
1624	인조 2	3차 회답겸쇄환사 파견.	
1635	인조 13	대마도의 국서개작이 폭로되고 이정암윤번제(以酊庵輪番制)가 실시됨.	
1636	인조 14	병자통신사 파견. 대마도에 문위행(問慰行)을 처음으로 파견함.	변례집요
1637	인조 15	겸대제(兼帶制) 실시.	증정교린지

1643	인조 21	계미통신사 파견.	
1655	효종 6	을미통신사 파견.	
1657	효종 8	소요 요시자네[종의진:宗義眞]가 대마번주가 됨	
1678	숙종 4	부산 초량왜관이 완성됨.	
1682	숙종 8	임술통신사 파견.	
1683	숙종 9	조선과 계해약조를 맺어 왜관에 거주하는 대마도 사람들의 활동 구제 등에 관한 약정을 정함.	
1689	숙종 15	아메노모리 호슈[雨森芳洲], 대마번의 儒臣으로 대조선통교에서 활약.	
1700	숙종 26	대마국 繪圖 완성.	
1703	숙종 29	조선국 도해역관, 대마도 북단 와니우라(경浦)에서 암초에 부딪혀 조난당함. 전원 사망	
1711	숙종 37	신묘통신사 파견.	
1719	숙종 45	기해통신사 파견.	
1723	경종 3	대마도인 등정방(藤定房)이 《대주편년략》을 편찬함.	
1725	영조 원년	대마도인 송표윤임(松捕允任)이 《조선통교대기(朝鮮通交大紀)》를 편찬함.	
1748	영조 24	무진통신사 파견.	
1763	영조 39	감신통신사 파견.	
1802	순조 2	김건서가 《증정교린지(增正交隣志)》 편찬함.	
1811	순조 11	신미통신사 파견, 대마도에서 국서 교환함. (易地通信)	

1817	순조 17	신미통신사 접대에 대한 포상으로 막부로부터 2만석에 해당하는 염지를 받음.	
1853	철종 4	일본,《통항일람(通航一覽)》 편찬함.	
1860	철종 11	문위행의 파견 단절함.	변례집요
1861	철종 12	러시아함대 대마도 우사키[芋崎]에 정박함.	
1862	철종 13	대마도, 조슈[長州] 번(藩)과 동맹 양이정권이 성립됨.	
1866	고종 3	이정암윤번제 폐지함.	
1868	고종 5	일본, 메이지 유신(明治維新) 단행.	
1869	고종 6	일본, 판적봉환(版籍봉환)으로 대마번(對馬藩)이 이즈하라번으로 바뀜.	
1871	고종 8	일본, 폐번치현(廢藩置縣)으로 이즈하라번이 이즈하라 현으로 개칭됨. 이어 이마리[伊萬里]현에 합병됨.	
1872	고종 9	메이지 정부가 대마도외교권을 접수함. 이에 따라 수도서제와 세견선 등 전통적인 조일간의 교린체제는 붕괴되었으며 부산왜관도 외무성이 인수함.	
1876	고종 13	강화도 조약 체결.	
1877	고종 14	대마번이 다시 나가사키[長崎] 현으로 편성됨.	
1886	고종	이즈하라 지칭을 대마도청으로 개칭.	
1894		청일전쟁	
1900	고종	일본 해군이 만제키에 운하를 뚫음.	
1905	고종	러일전쟁으로 인한 대마도 앞바다 해전. 대승	

연도		내용	
1906	고종 42	의병장 최익현이 대마도에 끌려가 11월 17일 순절함. 제자 임병찬이 대마도에서의 체험을 《대마도일기》로 편찬하였고, 홍주 의병장 유준근도 대마도에서의 억류사실을 《마도일기》에 기술함.	
1910		한일합병	
1912		대마도에 처음으로 전등이 밝혀짐.	
1922		이즈하라와 게치(鷄知:미츠시마쵸)를 처음으로 자동차가 달림	
1926		대마도청을 대마지청으로 부름.	
1931		구 대마번주 소오 타케유키[宗武志]와 구한국 왕실의 왕녀 덕혜(德惠)옹주의 결혼	
1941~5		제2차 세계대전, 대마도의 요새화	
1945		대마도~큐슈의 하카타(博多)간을 오가는 정기선 '타마마루珠丸'가 이키 카츠모토 근처 바다에서 어뢰에 부딪혀 침몰, 540명 이상 사망.	
1948		1월 과도정부입법위원회에거 입법의원 60명이 "대마도는 본시 우리 영토이니 대일 강화외의에 반환요구를 해야 한다"고 제안함. 건국 직후인 8월 18일 이승만대통령이 대마도 반환을 일본 측에 요구함. 9월 9일 외무부에서 일본 측의 이의제시를 반박하면서 대마도속령을 강조하는 성명 발표함.	
1949		1월 8일 이대통령이 신년 시자 회견에서 대마도 영유권을 주장하고 일본에 반환할 것을 요구함. 3월 국뢰에서 대마도 반환을 촉구하는 건의안 제출함.	

1955		쵸손(町村) 합병으로 인해 13개의 쵸손이 9쵸손이 됨.	
1958		만제키바시(万關橋) 완성. 쵸손합병으로 인해 6쵸손이 됨.	
1968		대마도를 관통하는 종관고로 개통.	
1975		대마도 공항 개항.	
1986		대마도와 부산 영도구가 자매섬이 됨.	
1989		카미쯔시마(上對馬) 히다카츠(比田勝)항과 부산항을 잇는 부정기 항로 '아오시오'가 취항.	
1999		이즈하라와 부산간 '씨플라워'호 취항.	
2004		대마도 6쵸손이 합병으로 3월 1일 '쯔시마시(대마시)'가 됨.	
2005		경상남도 마산시의회 「대마도의 날」 조례 제정	

저자 : 차 종 환(車鍾煥) (Cha, Jong Whan)

학 력
- 서울대학교 사범대학 생물학과 1954~58
- 서울대학교 대학원(석사과정) 1958~60
- 동국대학교 대학원(박사과정) 1962~66
- 이학박사 학위수령
  (도목생육에 미치는 초생부초의 영향, 동국대) 1966
- UCLA 대학원 Post Doctoral 과정 3년 이수 1975~77
- 농학박사 학위수령 (사막식물의 생리생태학적 연구, C.C.U.) 1976
- 교육학박사 학위수령 (한미교육제도 비교 연구, P.W.U.) 1986

경 력
- 서울대 사대부속 중고교 교사 1959~67
- 사대, 고대, 단대, 건대, 강원대, 이대강사 1965~70
- 동국대 농림대 및 사대교수 1965~76
- BYU(H.C.) 초빙교수 및 학생 1970
- Bateson 원예 대학장 1971~72
- UCLA 객원교수 1971~74
- 해직교수(동국대) 1976
- 한미 교육연구원 원장 1976~
- UCLA 연구교수 1977~92
- 남가주 한인회 부회장 1979~80

- 남가주 서울사대 동창 회장 1979~80
- 남가주 호남향우회 초대, 2대 회장 1980~82
- 남가주 서울대 대학원 동창 회장 1980~83
- 한미 교육연합 회장 1971~72
- L.A 한우 회장 1983~84
- 평통 자문 위원 (2기~11기) 1983~2005
- 한미 농생물 협회장 1983~99
- 차류 종친회 미주 본부장 1984~1990
- 남가주 한인 장학 재단 이사장 1984~86
- 남가주 서울대 총동창 회장 1985~86
- 남가주 BYU 동창 회장 1985
- 한인 공제회 이사장 1985~91
- 남가주 서울대 총동창회 고문 1986~
- 국민 화합 해외동포 협의회 명예회장 1990~
- 미주 이중국적 추진위원회 위원장 1993
- 평화문제연구소(한국)객원 연구위원 및 미주 후원회장 1994~
- 우리 민족 서로 돕기 운동 공동 의장 1997~
- 한국 인권문제 연구소 L.A 지부 고문 1998~
- 민주 평등 L.A 지역협의회 고문 및 전문위원 1999~
- 재외 동포 지위 향상 추진위원회 고문 1999~
- 한반도 통일 연구회 부회장 1998~
- 한국 인권 문제 연구소 본부 부이사장 및 수석 부회장 2000~2002
- 재외 동포법 개정 추진 위원회 공동대표 (L.A 및 한미) 2001~
- 한국 인권문제연구소 L.A지회 회장 2002~2004

- 한미인권문제연구소 명예 회장 (L.A.) 2004~
- 재미동포 권익향상 위원회 공동대표 2004~
- 미주 한인 재단 이사장 2004~2006
- 한미 인권 연구소 중앙 이사장 2005~
- 한미 평화 협의회 회장 2005~

수상 및 명예

- Who's Who in California 16판(86')부터 계속 수록
- 교육 공로상 수령 (제1회 한인회 주체) 1987
- 우수 시민 봉사단 수령 (L.A시 인간관계 위원회) 1987
- 쿼바시에 북미주 한국인 지도자상 1993
- L.A시 우수시민 봉사자상 (L.A시 위회) 1994
- 국무총리 표창장 (대한민국) 1995
- 대통령 표창장 (대한민국) 2001
- 에세이 문학 완료 추천 문단 등단 2003년 가을
- 대통령 훈장 (국민훈장 목련장) 2005. 12
- 감사패, 공로패, 위촉패, 추대장 등 130종

저서 목록 (공저, 편저, 감수 포함)
[한글 저서]
1. 高入生物 (조문각, 1964)
2. 高入生物 (성문사, 1967)
3. 생물 실험 실습 (유림각, 1968)
4. 土壤과 植物 (수학사, 1968)
5. 지혜의 말씀 (교회출판부, 1968)
6. 植物生態學 (문운당, 1969)
7. 自然科學槪論 (단국대학 출판부, 1970)
8. 一般生物學 (진수당, 1968)
9. 한국어 교본 B Y U - HI (LTM, 1971)
10. 農林氣象學 (선진문화사, 1973)

11. 토양 보존과 관리 (원예사, 1974)
12. 農生物統計學 (선진문화사, 1974)
13. 복숭아 재배 새기술 (원예사, 1974)
14. 最新植物生理學 (선진문화사, 1974)
15. 韓國의 氣候와 植生 (서문당, 1975)
16. 環境과 植物 (전파과학사, 1975)
17. 放射線과 農業 (전파과학사, 1975)
18. 最新植物生態學 (일신사, 1975)
19. 生物生理生態學 (일신사, 1975)
20. 테라리움 (원예사, 1975)

21. 미국 시민권을 얻으려면 (선진문화사, 1978)

22. 現代 一般 生物實驗 (한서출판, 1982)
23. 미국의 교육제도 (미디어 다이너믹스, 1985)
24. 미국의 명문 고교와 명문대학 (한미교육연구원, 1985)
25. 이민 자녀 교육 (학원사, 1986)

[번역서]
26. 침묵의 봄(I) (세종출판사, 1975)
27. 침묵의 봄(II) (세종출판사, 1975)

[영문 전서]
28. Radioecology and Ecophysiology of Desert Plant at Nevada Test Site (U.S.A.E.C.1972)
29. Iron Deficiency in Plants (S.S & P.A. 1976)
30. Phytotoxicity of Heavy Metals in Plants (S.S. & P.A. 1976)
31. Trace Element Excesses in Plant (J.R.N. 1980)
32. Nevada Desert Ecology (BYU. 1980)
33. Soil Drain (Williams & Wilkins, 1986)
34. Interaction of Limiting Factors in Crop Production (Macel Derkker, 1990)

[한국저서 속]
35. 미국 유학 (우석출판사, 1987)

36. 올바른 자녀교육 (바울서신사, 1987)
37. 차돌이 교육 방랑기 (우석출판사, 1987)
38. 미국 대학 완벽 가이드 (학원사, 1988)
39. 10대 자녀문제 (학원사, 1988)
40. 청소년 그들은 누구인가 (바울서신사, 1988)

41. 미주교포들의 통일의식 구조 (L.A. 평통, 1988)
42. 미국교육의 길잡이 (바울서신사, 1988)
43. 동·서양의 꽃꽂이와 테라리움 (바울서신사, 1990)
44. 꿈나무들을 위한 성교육 (바울서신사, 1990)
45. 미국의 명문 고등학교 (우석출판사, 1989)
46. 미국의 명문 대학 (우석출판사, 1990)
47. 미국의 명문 대학원 (우석출판사, 1990)
48. 성공적인 자녀교육의 비결 (바울서신사, 1990)
49. 미국의 명문고교 입학 유학 최신정보 (학원사, 1990)
50. 일하며 생각하며 (바울서신사, 1990)

51. 미국 속의 한국인 (공저) (유림문화사, 1991)
52. 갈등 그리고 화해 (국민화합해외동포협의회, 1990)
53. 미주 동포들이 보는 조국 (평화문제 연구소, 1992)
54. 백두산, 장백산, 그리고 금강산 (선진문화사, 1992)
55. 지역 갈등과 화해 (한미교육연구원, 1993)
56. 반미감정과 태평양시대 (한미교육연구원, 1993)
57. 조국을 빛낸 사람들과 미국대학 입시제도
　　　　　　　　　　　(한미교육연구원, 1993)

58. 미국생활 가이드(공저) (중앙일보, 1993)
59. 이중국적 (한미교육연구원, 1993)
60. 한반도 통일문제 (한미교육연구원, 1994)

61. 마음은 독수리처럼 날개쳐 올라가고 (바울서신사, 1994)
62. 동서양의 길목에서 (바울서신사, 1994)
63. 남북이 잊은 사람들 (바울서신사, 1994)
64. 기적의 역사(공저) (삶과 꿈, 1994)
65. 미국교육제도와 자녀교육 (한미교육연구원, 1994)
66. 귀화동포와 이중국적문제 (한국인권문제 연구소, 1994)
67. 미국대학 및 대학원 진학 가이드 (한샘출판사, 1994)
68. 똑똑한 아이! 이렇게 키워라 (삼성출판사, 1994)
69. 미국의 교육제도 (개정판) (바울서신사, 1994)
70. 세계화 시대의 한미관계 (한미교류협회 1995)

71. 재미있는 핵 이야기 (좋은글, 1995)
72. 초등학생의 가정교육 (우석출판사, 1995)
73. 통일로 가는 길(공저) (바울서신사, 1995)
74. 한국의 국력신장을 위한 해외동포들의 역할
                         (해외동포 문제연구소, 1995)
75. 중·고등학교의 가정교육 (우석출판사, 1996)
76. 베트남의 황금 문이 열리다 (나산출판사, 1996)
77. 발 마사지와 신체 건강법 (오성출판사, 1996)
78. 태교 및 취학 전 아동의 가정교육 (우석출판사, 1996)
79. 꿈나무와 대학정보 (한미교육연구원, 1996)

80. 해외 동포 청소년이 통일교육 (평화문제 연구소, 1996)

81. 꼴찌와 일등은 부모가 만든다 (풀잎문학, 1996)
82. 미국을 알고 미국에 가자 (풀잎문학, 1996)
83. 통일로 향하는 마음(공저) (천일인쇄, 1997)
84. 미국인은 배꼽 아래가 길다 (우석출판사, 1997)
85. 우리 모두 통일로 가자 (나산출판사, 1997)
86. 이것이 미국 교육이다 (나산출판사, 1997)
87. 가정은 지상의 천국 (기독교 문화사, 1997)
88. 발 건강과 신체 건강 (태을출판사, 1997)
89. 꿈나무들 및 교육공로자와 대학정보 (한미교육연구원, 1997)
90. 21세기의 주인공 EQ (오성출판사, 1997)

91. EQ로 IQ가 휘청거린다 (오성출판사, 1998)
92. 영국의 명소와 명문 대학 (나산출판사, 1998)
93. 불란서의 명소와 명문 대학 (나산출판사, 1998)
94. 이태리의 명소와 명문 대학 (나산출판사, 1998)
95. 백두산의 식물생태 (예문당, 1998)
96. 배꼽 뒤집어 지는 유머 (예가, 1998)
97. 당신의 성공에는 유머가 있다 (나산출판사, 1998)
98. 미국 유학 - 이민교육필독서 (풀잎문학사, 1998)
99. 꿈나무와 페스탈로찌 (한미교육연구원, 1998)
100. 지켜야할 문화와 배워야할 문화 (나산출판사, 1998)

101. 묘향산 식물생태 (예문당, 1999)

102. 재외동포의 출입국과 법적지위 (한미교원, 1999)
103. 유머백과 (예가, 1999)
104. 한국의 재외동포 정책 (한미교육연구원, 1999)
105. 꿈나무 (한미교육연구원, 1999)
106. 비무장 지대의 식물생태 (예문당, 2000)
107. 금강산 식물생태 (예문당, 2000)
108. 고사성어 399선 (예가, 2000)
109. 행복 (좋은글, 2000)
110. 건강 장수 백과 (태을출판사, 2000)

111. 스위스의 명소와 명문대학 (나산출판사, 2000)
112. 항로회춘 (나산출판사, 2000)
113. 지구 과학 (예가, 2000)
114. 꿈나무와 교육자 (한미교육연구원, 2000)
115. 독일의 명소와 명문대학 (나산출판사, 2000)
116. 재미있는 동물의 세계로(감수) (예문당, 1999)
117. 재미있는 곤충의 세계로(감수) (예문당, 1999)
118. 재미있는 식물의 세계로(감수) (예문당, 1999)
119. 재미있는 공룡의 세계로(감수) (예문당, 2000)
120. 재미있는 지구의 세계로(감수) (예문당, 2000)

121. 재미있는 우주의 세계로(감수) (예문당, 2000)
122. 재미있는 과학자의 세계로(감수) (예문당, 2000)
123. 재미있는 인체의 세계로(감수) (예문당, 2000)
124. 재미있는 환경의 세계로(감수) (예문당, 2000)

125. 재미있는 발명의 세계로(감수) (예문당, 2000)
126. 중국의 명소와 명문대학 (나산출판사, 2001)
127. 고향 생각과 자랑 (한미교육연구원, 2001)
128. 캐나다의 명소와 명문대학 (나산출판사, 2001)
129. 2000년대의 민족의 선택(공저) (한통연, 2001)
130. 영재들과 교육 공로자 (한미교육연구원, 2001)

131. 고사성어 대사전 (예가, 2001)
132. 교회의 갈등 그리고 화해(공저) (계명대학교, 2002)
133. 체코와 슬로바키아의 명소와 명문대학 (나산출판사, 2002)
134. 태교출산백과(공저) (으뜸사, 2002)
135. 남북한 통일정책과 민족교육 (한미교육연구원, 2002)
136. 북한의 교육정책과 명문대학 (평화문제연구소, 2002)
137. 전남쌀 줄게 개성 인삼다오(공저) (동진문화사, 2002)
138. 21세기와 조국통일(공저) (한통연, 2002)
139. 남북한의 통일 정책과 통일 장애요인(공저) (한통연, 2002)
140. 재외동포법 개정을 위해 (공저) (한국인권문제연구소, 2002)

141. 오스트리아의 명소와 명문대학 (나산출판사, 2002)
142. 꿈나무들과 미국의 교육정보 (한교연, 2002)
143. 민간요법보감 (태을출판사, 2002)
144. 캐나다 로키의 명소와 생태 (오성출판사, 2002)
145. 달라진 남한말과 북한말(공저) (예가, 2002)
146. 일본의 명소와 명문대학 (나산출판사, 2002)
147. 미주 한인 이민 100년사 (공저) (한미동포재단, 2002)

148. 배꼽이 뒤집어지는 유머 ② (예가, 2002)
149. L.A 4.29 폭동과 장학재단 (한미교육연구원 2003)
150. 유머 해학 대사전 (예가, 2003)

151. L.A 4.29 폭동의 실상 (밝은 미래 재단, 2003)
152. 호주의 명소와 명문대학 (나산출판사, 2003)
153. 통일 이야기(초급) (L.A 민주 평통, 2003)
154. 인도네시아의 명소와 명문대학 (나산출판사, 2003)
155. 한국부자 미국부자 (도서출판 사사연, 2003)
156. 오직 올바르게 살자(공저) (나산출판사, 2003)
157. 6.15 공동선언과 조국통일(편저) (한통연, 2003)
158. 꿈나무들과 교육선구자 (한교연, 2003)
159. 미주한인사회와 독립운동(공편저)
    (미주한인 100주년 남가주 기념 사업회, 2003)
160. 미주동포의 민주화 및 통일운동 (나산출판사, 2004)

161. 나는 샐러드보다 파김치를 더 좋아한다(감수) (예가, 2004)
162. 구월산, 장수산 식물생태 (예문당, 2004)
163. 청소년을 위한 통일 이야기 (예가, 2004)
164. 신세대를 위한 통일 이야기 (예가, 2004)
165. 사진으로 본 미주 한인 100년사 (박영사, 2004)
166. 꿈나무와 교육정보 (한미교육연구원, 2004)
167. 조선향토 대백과 (제1권) 평양시 감수, 평화문제연구소 및
    조선과학백과사전 출판사, 2003
168. 조선향토 대백과 (제2권) 남포, 개성, 나선시 감수,

평화문제연구소 및
　　　조선과학백과사전 출판사, 2004
169. 조선향토 대백과 (제3권) 평안남도 I 감수, 평화문제연구소 및
　　　조선과학백과사전 출판사, 2004
170. 조선향토 대백과 (제4권) 평안남도 II 감수, 평화문제연구소 및
　　　조선과학백과사전 출판사, 2004

171. 조선향토 대백과 (제5권) 평안북도 I 감수, 평화문제연구소 및
　　　조선과학백과사전 출판사, 2004
172. 조선향토 대백과 (제6권) 평안북도 II 감수, 평화문제연구소 및
　　　조선과학백과사전 출판사, 2004
173. 조선향토 대백과 (제7권) 자강도 감수, 평화문제연구소 및
　　　조선과학백과사전 출판사, 2004
174. 조선향토 대백과 (제8권) 황해남도 I 감수, 평화문제연구소 및
　　　조선과학백과사전 출판사, 2004
175. 조선향토 대백과 (제9권) 황해남도 II 감수, 평화문제연구소 및
　　　조선과학백과사전 출판사, 2004
176. 조선향토 대백과 (제10권) 황해북도 감수, 평화문제연구소 및
　　　조선과학백과사전 출판사, 2004
177. 조선향토 대백과 (제11권) 강원도 감수, 평화문제연구소 및
　　　조선과학백과사전 출판사, 2004
178. 조선향토 대백과 (제12권) 함경남도 I 감수, 평화문제연구소 및
　　　조선과학백과사전 출판사, 2003
179. 조선향토 대백과 (제13권) 함경남도 II 감수, 평화문제연구소 및
　　　조선과학백과사전 출판사, 2003

180. 조선향토 대백과 (제14권) 함경북도 I 감수, 평화문제연구소 및 조선과학백과사전 출판사, 2003

181. 조선향토 대백과 (제15권) 함경북도 II 감수, 평화문제연구소 및 조선과학백과사전 출판사, 2003
182. 조선향토 대백과 (제16권) 량강도 감수, 평화문제연구소 및 조선과학백과사전 출판사, 2004
183. 재외동포들의 권익을 위한 법률 (한미인권연구소, 2005)
184. 북한의 현실과 변화 (나산출판사, 2005)
185. 남북분단과 통일 및 국가안보 (나산출판사, 2005)
186. 남북통일과 평화교육 (나산출판사, 2005)
187. 21세기를 맞는 오늘의 북한 (양동출판사, 2005)
188. 조선향토 대백과 (제17권) 인물 (평화문제연구, 2005)
189. 조선향토 대백과 (제18권) 민속 (평화문제연구, 2005)
190. 조선향토 대백과 (제19권) 색인 (가가거리 - 새지골), (평화문제연구, 2005)

191. 조선향토 대백과 (제20권) 색인 (새지네골 - 힘샌골), (평화문제연구, 2005)
192. 미주 동포들의 인권 및 민권운동 (나산 출판사, 2005)
193. 남북한 사회와 통일이야기 (LA 민주 평통, 2005)
194. 수재들과 교육 공로자 (한미교육연구원, 2005)
195. 어린이 통일교육 이야기 (동양서적, 2006)
196. 청소년 통일교육 이야기 (동양서적, 2006)
197. 미주의 한인들(대원출판사, 2006)

198. 최신피부미용요법 (동양서적, 2006)
199. 최신육체미용요법 (동양서적, 2006)
200. 대마도는 한국땅 (동양서적, 2006)

201. 미리가본 북한 산천 (근간)
202. 독도의 영유권 논쟁과 대책 (근간)
203. 한미관계 160년사 (근간)
204. 멕시코의 명소와 명문 대학 (근간)

연구 논문
A. 자연과학 분야(생물)
- 한국내 학술지 60편
- 국제 학술지 120편

  전체 180편(논문 제목과 발표 논문집 및 출판연도는 필자의 저서 백두산, 장백산 그리고 금강산(선진문화사, 1972년), 백두산 식물 생태 (예문단, 1998년) 및 금강산 식물 생태(예문당, 2000년) 부록에 수록되어 있음

B. 사회과학 분야(통일)
1. 핵의 국제적 갈등과 미국의 한반도 정책
   (통일로 가는 길, 1995년)
2. 남북교류활성화 방안 (한반도통일연구회, 1996년)
3. 조국통일과 해외동포들의 역할 (한반도통일연구회, 1997년)
4. 통일을 위한 해외동포들의 역할 (통일로 향하는 마음, 1997년)

5. 재미동포의 민족교육과 통일 (한반도통일연구회, 1998년)
6. 다원시대에 돋보인 우리 전통문화 (한반도통일연구회, 1999년)
7. 포용정책, 문제가 있는가 (통일로 가는 길, 1999년)
8. 남북한통일정책의 변천과정과 현 위치
　　　　　　　　　　　(한반도통일연구회, 2001년)
9. 남북교류 활성화를 위한 재외동포들의 기여 방안
　　　　　　　(LA 민주평통 세미나, 2001년 5월)
10. 북한 식량난의 원인과 해결책 (한민족 포럼, 2001년 8월)

11. 한미정상회담에 등장한 NMD (LA 민주평통 세미나, 2001년)
12. 동조성 문화와 창조성 문화 (LA 3.1여성, 2001년)
13. 악의 축과 북미 관계 (한반도통일연구회, 2002년)
14. 미주동포들의 민주화 및 통일 운동
　　(한반도통일연구회, 미주한인 이민100주년 기념사업회, 2003년)
15. 북한의 핵문제와 재외동포의 통일의식
　　(평화문제연구소, 통일세미나 제주도 KAL호텔, 2003년)
16. 재외동포법의 개정 및 보완을 위해 (한민족 포럼, 2003년 3월)
17. 한미양국의 교육제도 비교
　　(한국학교 교사대학 일반연수과정 교재, 2003년)
18. 재외 동포법의 배경과 개정 (근간)
19. 민족 공조와 국제공조 (근간)
20. 미주 동포사회의 젊은 세대와 통일의식 (근간)
21. 남북 정상회담과 해외 동포의 역할 (근간)
22. 6·15 시대의 통일교육과 평화교육 (근간)

공저자 : 법 타 스님

성   명 : 신광수(申光秀)
법   명 : 법타(法陀), 법호 : 중화(中和)
생년월일 : 1946. 5. 16
본   적 : 경상북도 울릉군 독도리 30번지
주   소 : 경상북도 영천시 청토면 치일리 479번지
         대한 불교조계종 제 10교구본사 은해사 주지

득도
· 1965년 충북 보은군 속리사 법주사에서 추담스님을 은사, 계사로 사미계 수지
· 1967년 해인사에서 비구계 수지
· 1974년 일타스님을 법사로 건당, 법호 : 中和·

병역
· 육군 병장으로 만기 제대(1968. 11~1971. 10)
· 월남참전 백마부대 24개월 근무(1969. 6~1971. 10)

학력
· 1967. 3~74. 2 서울 동국대학교 불교대학 인도철학과 졸업(문학사)

- 1974. 2~76. 2 서울 동국대학교 불교대학원 인도철학과 졸업(문학석사)
- 1985. 3 미국 CA SOUTH BAYLO 대학교 명예 철학박사 취득
- 1992. 3~96. 12 미국 미조리주(MI) St. Louis시 Clayton Univ. 종교철학박사
- 1994. 3~8. 30 서울 숭실대학교 통일정책대학원 도위정책 지도자 과정 수료
- 2003. 3~8. 30 경남대학교 북한대학원 고위지도자 과정 수료
- 2004. 3~8. 30 동국대학교 불교대학원 최고 경영자 과정 수료

경력

- 1980. 3~86. 8 국립 전남대학교 철학과 국민윤리학과 강사
- 1985~86. 7 불교신문사 부사장
- 1995. 6~96. 6 조계종 총무원 총무부장
- 1995. 10. 5~2000. 10. 30 대구불교방송 창립 초대사장. (현) 운영위원장
- 1996. 10~현재 일연학 연구원 설립, 이사장
- 1996. 10~현재 은해사 종립 승가대학원 운영위원장
- 2001. 10~현재 동국대학교 석림동문회장
- 2003. 5~현재 제20대, 제22대 은해사 주지(재임)

통일, 인권사회운동(NGO)

- 1989~현재 북한 40여회 방문, 세계 30여 개국 순방

· 1990. 1~91. 12 미국 LA 불교학당 이사장
· 1991. 6~92. 10 민족 불교 교류추진 미주 불교협의회 부회장
· 1992. 2~현재 「조국평화통일불교협회」 창립 회장(95년)
　　　　　　　경제적인 실천시민연합 창립(경실련)지도위원
· 1995. 3~현재 불교시민단체협의회(불민협, 11개단체) 상임공동대표
· 1997. 12~현재 북한 황해북도 사리원시 만금동 정방산 성불사인 근에 「금강 국수공장」을 설립. 캄보디아 정신대훈 할머니 후원 회장
· 2003.~현재 민화협, 통일연대, 공선협, 경실련, 아름다운 재단, 대구 경북시민회의 불교대표. 3·1절 남북공동행사 공동대표. 6·15선언 남북공동행사 공동대표

훈포상
· 2004. 8. 12 제8회 만해대상(실천부문) 수상
· 2004. 9. 6 대통령으로부터 체육훈장 모란상 수여(2003 대구하계 U대회 공로)

저서
· 현대의 종교(전남대학교, 1985)
· 중원에 서서(1988)

대마도는 한국 땅

값 10,000원

인쇄일 : 2006년 6월 20일 인쇄
발행일 : 2006년 6월 25일 발행

| 판 권 |
| 본 사 |

저 자 : 차종환·신법타
발 간 : 한미인권연구소, 이환수
발행인 : 안 영 동
발행처 : 출판사 동양서적
         주소 경기도 파주시 광탄면 용미리 251-2
         전화 (031) 957-4766/7
         FAX (031) 957-4768
등록일자 1976년 9월 6일
번   호 제6-11호

ISBN 89-7262-142-0 03180